판단하는 내가 좋다

노마의 발견 3

판단하는 내가 좋다

노마의 발견 3

어린이철학교육연구소 지음
임정아 그림

해냄

머|리|말

    과학과 기술의 발달로 세계화, 정보화 시대가 도래한 지금, 오늘이 아닌 미래를 살아갈 어린이들에게 가장 요구되는 능력은 무엇일까요? 어릴 때부터 여러 교과목의 지식을 배우고 익히며, 컴퓨터 자판만 두드리면 넘쳐 나는 지식과 정보를 접할 수 있는 데다가 적잖은 책까지 읽고 있는 이들에게 특별히 더 보태 줄 게 없는 건 아닐까요?

    그렇습니다. 이제 지식은 넘쳐나고 정보는 어디에나 있습니다. 하지만 그럴수록 꼭 필요한 지식과 정보를 식별해 내고 찾아낸다는 것은 더 어렵습니다. 어쩌면 그것들은 어디엔가 숨겨져 있을지도 모르며, 오염되고 손상되었거나 혹은 고의로 왜곡되어 있을지도 모릅니다.
    잘못된 지식과 정보를 토대로 판단을 내리거나 문제를 해결한다면 더 큰 어려움을 만날지도 모릅니다. 그래서 이제 더 중요한 것은 노우하우(know-how)가 아니라 노우웨어(know-where)라고 하는지 모릅니다. 옛날에는 지식과 정보가 부족한 것이 문제였다면, 지금은 믿을 수 없는 것들이 너무 많이 쏟아져 나오고 있어서 문제입니다.

    이러한 상황에서 가장 필요한 능력은 바로 비판적 사고(critical thinking)입니다. 비판적 사고란 '무엇을 믿고 무엇을 할 것인지에 관한 의사결정에 초점을 맞춘 합리적이고 반성적인 사고'입니다. 특히 논증 분석이나 정보 출처(source)의 신뢰성을 판단하는 능력을 중시합니다.
    그동안 우리 교육이 거의 놓쳤거나 소홀하게 여긴 것이 바로 이러한 능

력입니다. 《노마의 발견》 시리즈는 등장인물들이 '비판적 사고'를 하면서도 아울러 창조적이고 배려적인 사고를 적극적으로 펼쳐 보이는 내용을 담고 있습니다.

　최근에 초·중·고 모두 통합 논술로 들썩이고 있습니다. 통합의 뜻은 무엇이고 어떤 것들을 전제로 하고 있을까요? 통합의 전제인 '통합을 요구하는 문젯거리'는 비판적인 사고를 통해 구성될 수 있습니다. 그리고 일단 문제가 설정되면 가까운 사람들과 서로 배려하면서 창의적으로 해결해 나갈 수 있습니다.
　본 시리즈는 그러한 비판적 사고를 통해 찾아낸 문제를 친구들끼리 해결해 나가는 모습들을 보여 줍니다. 꾸준하게 읽혀 온 《노마의 발견》 시리즈가 이제 새롭게 대두되고 있는 통합의 지혜를 연마하는 지렛대가 될 것을 기대해 봅니다. 또 이 시리즈를 통해 선구적으로 어린이 철학 교육의 토대를 쌓았던 서울교대 철학 동문회원들이 다시 한 번 일어설 것을 기대해 봅니다.
　끝으로 《노마의 발견》 시리즈의 가치를 인정하고 전면적으로 쇄신하여 훨씬 더 좋은 책들로 거듭나게 한 해냄출판사 여러분께 謝意를 표합니다.

어린이철학교육연구소 소장
박민규

차 | 례

머리말 · 4

1. 풀리지 않는 문제 · 8

문경새재 · 10
풀리지 않는 문제 · 20
비겁했던 우리 · 28
여름과 개미 · 36

2. 농촌의 멋과 어려움 · 42

시골 냄새 · 44
혼자 떠난 기차여행 · 48
밥 나르기 · 60
편지 · 68

3. 도시의 못난이들 · 74

이웃사촌 · 76
효도 안 하면 어때? · 84
이치와 모순 · 90
못난 창민이 · 98
마음의 문 · 104
할인 판매의 속임수 · 110
현대판 고려장 · 118

4. 도전과 극복 · 126

올빼미와 미네르바 · 128
관수네 분단의 승리 · 138
난 네가 불쌍한데 · 144
진짜 장애자는 누구일까? · 150
미움을 이기려면 · 158

1. 풀리지 않는 문제

누구나 살다 보면 전혀 예상치 못한 어려움을 만날 때가 있습니다. 삶이란 늘 잔잔하고 평화롭기만 한 것이 아니기 때문입니다. 1장에서 노마와 그의 친구들이 경험했던 갖가지 어려운 상황에 어떻게 맞서 나갔는지를 살펴보게 될 것입니다. 여러분은 노마와 친구들이 내린 결정과 행동을 깊이 따져 보고 비판해 보는 가운데, 어려움을 이겨 내는 지혜를 얻을 수 있을 것입니다.

문경새재

노마네 가족은 지난 일요일 문경새재를 찾았다. 식구끼리 연휴에 치악산이나 명지산을 찾아 나선 적은 있었지만, 노마에게 문경새재는 처음 들어 보는 생소한 이름이었다.

수안보를 지나 한참을 더 갔다. 웅장한 산들이 첩첩이 버티고 섰는데 오르막길이 상당히 급하게 느껴졌다.

"얘들아, 여기가 바로 새재 입구란다. 우리 걸어서 고개를 넘자꾸나. 당신도 찬성이오?"

"왜 아니겠어요. 당신이 얼마나 별러서 온 걸음인데요. 전 대찬성이에요."

무슨 말을 꺼내기도 전에 노마 어머니께서 대찬성을 하시고 말아서 노마와 기오는 그냥 따를 수밖에 없었다.

숲으로 난 길 위엔 보슬비가 부슬부슬 내렸다. 길옆에 있는 나뭇잎은 더욱더 파랗게 보였다. 멀리 흰구름은 높은 산봉우리를 반쯤 가리고 있어 신비감마저 들게 했다.

산길을 걸어 본 일이 별로 없어서 그런지 노마의 온몸엔 땀이 배어 나기 시작했다. 특히 어머니께서 땀을 심하게 흘리셨고, 기오는 마지못해 걷는 듯했다.

한 시간쯤 오르고 나자 빈대떡과 음료수를 파는 오두막집 한 채가 눈에 들어왔다. 식구들은 누구랄 것 없이 그리로 뛰어가서 우선 냉수를 벌컥벌컥 들이켰다. 잠깐 그렇게 쉬고 있는데 기오가 툴툴거렸다.

"아휴, 힘들어. 땀만 나잖아, 엄마. 난 안 갈래."

그러자 노마 아버지께서 난감하다는 표정으로 말씀하셨다.

"아니 겨우 요걸 걷고서 그러냐? 아직 십 분의 일도 못 왔는데."

바로 그때 승용차를 몰고 산길을 올라가던 아저씨 한 분이 차를 멈추고 노마네가 쉬고 있는 오두막집으로 들어왔다. 그 아저씨가 음료수를 마신 다음 담배에 불을 붙이자, 기오가 한마디 했다.

"야! 저 차를 타고 올라가면 좋겠다. 아유, 다리 아파."

그러자 차를 몰고 온 아저씨가 말했다.

"저 애, 다리가 몹시 아픈가 보군요. 저는 혼자서 올라가는 길이니 모두 제 차를 타고 올라가도록 하시지요."

"말씀은 고맙지만, 힘들더라도 저희는 그냥 걸어서 올라갈 생각입니다."

아버지의 말씀에 기오가 차를 타고 가겠다고 떼를 쓰기 시작했다. 그러자 아버지께선 어머니를 쳐다보시며 말씀하셨다.

"정 그렇다면 기오를 데리고 먼저 올라가서 기다리는 게 어떻겠소? 난 노마랑 천천히 걸어 올라갈 테니 말이오."

"그래도 어떻게 우리만……."

"날도 더운데 어서 타고 올라가도록 해요. 우리 걱정일랑 말고."

"아빠, 그럼 생이별하자는 말씀이신가요?"

노마가 이렇게 말을 해서 모두가 한바탕 웃었다. 이내 어머니와 기오는 차를 타고 꼭대기 쪽으로 달려갔다. 노마와 아버지는 다시 힘을 내서 걷기 시작했다.

"노마야, 너 조금 전에 생이별이라고 했지? 그 말이 무슨 뜻인 줄 이나 아니?"

"그야 서로 헤어지는 거겠죠."

"헤어진다고 모두 생이별이라고 할 수 있을까? 그럼 네가 친구와 헤어져도 생이별이라고 해야 하니?"

"아, 아네요. 부부가 헤어지는 걸 말해요."

"글쎄, 부부가 헤어지면 다 생이별일까? 부부 가운데 한 사람이 먼저 저승으로 가는 것도 헤어지는 것일 텐데."

"알았다! 부부가 살아 있으면서 서로 헤어지는 경우를 말해요."

"그렇다고 생이별일까? 아빠와 엄마는 매일 아침에 헤어지지만, 그걸 생이별이라고 하지는 않는단다."

"그렇지만 아빠, 제가 지금까지 말씀드린 것들이 모두 생이별과 관계가 없다는 말씀은 아니시겠지요?"

"물론 그건 아니다. 네가 생이별을 나타내는 각각의 예를 들은 것은 사실이야. 그렇지만 네가 생이별의 진짜 참뜻을 말했다고 보기는 힘들지."

"그럼 생이별의 참뜻은 뭘까요? 그걸 아빠가 한번 말씀해 주세요."

"지금까지 넌 아주 잘해 왔어. 그러니까 조금만 더 찾아 나가면 혼자서 그걸 찾을 수 있을지도 모르겠다."

"조금 더요?"

"그렇지, 조금만 더."

이때 노마의 머릿속에 언뜻 떠오르는 것이 있었다.

"아빠, 실은……. 전 뜻도 제대로 모르고 단어를 함부로 쓴 경우가 많았어요."

"말의 참뜻을 분명히 모른 채 대강 쓰다 보면 오해나 혼란이 생기기 쉬운 법이란다."

그러고 보니 노마는 입에서 나오는 대로 말을 하다가 친구들과 다투었던 일들이 생각났다.

"노마야, 우리 주위에 말싸움이나 다툼이 생기는 큰 이유가 어디에 있는지 이제 알 수 있겠니?"

"네. 그런데 아빠, 이렇게 이야기를 하면서 올라가니까 별로 힘든 줄 모르겠어요. 또 생이별 같은 말도 그 참뜻을 알아낼 수 있을 것만 같고요!"

"네가 생이별의 참뜻을 알 수 있을 것 같다고? 하하하. 그건 네 할머니와 할아버지 같은 분들이나 아실 거다. 아빠도 솔직히 말해서 잘 모른단다."

"할머니, 할아버지요? 그분들은 지금 시골에 함께 살고 계시잖아요. 그런데 어떻게 생이별의 참뜻을 아신다는 거죠?"
"그야 생이별을 하셨던 분들이니까 그렇지. 그분들의 기막힌 생이별의 아픔을 언젠가 네게 들려주고 싶었다."
"지금 들려주시면 안 되나요? 우린 지금 잠시나마 엄마와 동생과 이별을 하고 있잖아요."
"허허, 이제 보니 너도 꽤 잘 둘러대는구나. 좋다, 간단히 얘기해 주마. 긴 이야기는 언젠가 해 줄 때가 있을 거다."
아버지가 노마에게 들려준 이야기는 이러했다.

노마 아버지의 고향은 춘천인데 아버지께서 한 살이었을 때 6·25 전쟁이 났다고 한다. 당시 피난을 떠났던 가족을 보면, 노마의 증조할아버지(노마 아버지의 아버지의 아버지)와 노마 할아버지, 할머니, 그리고 노마 아버지를 포함한 팔 남매가 있었다.

가족이 양평에 이르렀을 때, 군인들이 다리를 가로막고 남자들은 건널 수 없게 했다. 그래서 노마 할아버지께서는 할머니께 먼저 다리를 건너가서 기다리고 있으면 아버님을 모시고 다른 길로 강을 건너가겠다고 말씀하셨다. 그러나 어린 팔 남매를 거느리고 다리를 건넌 할머니가 해질 무렵까지 기다려도 할아버지는 오시지를 않았다.

이렇게 해서 할머니는 눈물을 흘리시며 당신 혼자 어린 칠 남매의 손을 잡고 노마 아버지를 등에 업으신 채 정처없이 남쪽으로 내려가실 수밖에 없었다.

노마 할머니께서 피난길에 가장 힘드셨던 곳이 바로 이곳 문경새재였다고 한다. 새벽 다섯 시쯤 출발해서 어린 팔 남매를 데리고 새재를 넘으신 때는 날이 어두워지고 있을 무렵이었다고 한다.

"아빠, 그럼 할아버지와 할머니께서는 양평에서 헤어지신 다음 어떻게 되셨어요?"
"일 년 뒤 청주 피난민 수용소에서 가까스로 만나셨다는구나."
"아빠, 그런 걸 두고 진짜 생이별이라고 해야 하나요?"
"말해 무엇하겠니?"
"그때 할아버지께서는 왜 다리를 돌아서 건너오시지 못 하셨나요?"
"그 얘기를 네가 이해할 수 있을지 모르겠다."
"무슨 얘긴데요?"
"그때 할아버지께서는 젊으셔서 강을 헤엄쳐 건너실 수가 있었다고 한다. 그래서 너희 증조 할아버지께서 할아버지보고 어서 건너가 애들을 보살피라고 하셨다는 거야."
"그래서요?"
"할아버지께서는 팔 남매가 울부짖는 모습이 눈에 어른거려서 당신도 모르게 그렇게 해야겠다는 생각이 들었다는 거야."
"그래서요?"
"하지만 늙은 아버님을 혼자 남겨 두고 도저히 강을 헤엄쳐 건너실 수는 없으셨던 거지."
"그래서요?"

"'어서 강을 건너라, 아범아!', '아닙니다. 아버님을 혼자 남겨 두고 갈 수는 없습니다.', '애들을 생각해야지. 이 늙은이 생각은 말고 어서 강을 건너라니까!', '아닙니다, 아버님…….' 이렇게들 다투시다가 날이 어두워져서 두 분은 결국 원주 쪽으로 발길을 돌리셨단다."

"늙으신 아버지냐, 부인과 팔 남매냐, 이거였군요?"

"어떠냐? 할아버지 심정이 어떠하셨을지, 그리고 생이별이 뭔지 알 수 있겠니?"

"할아버지가 정말 괴로우셨을 거라는 생각이 들어요."

"네가 보기엔 아빠라면 어떻게 했을 것 같으냐?"

"그야 우리들 쪽을 택하셨겠죠. 아빤 저와 기오 없이는 못 사신다고 하셨잖아요."

"그럴까? 아빠가 정말 그럴 것 같니?"

"그럼요, 틀림없을 거예요."

"그럼, 너라면 어쩌겠니?"

"음……."

"왜 솔직하게 대답을 못 하니? 뭐가 망설여져서 그래?"

"방금 전까지만 해도 쉽게 정할 수 있을 것 같았어요. 그런데 증조할아버지와 할아버지의 얘기를 다시 생각해 보니, 쉽지 않겠다는 걸 느꼈어요."

"세상에 쉬운 일이 어디 있겠니? 하지만 그것이 아무리 어렵더라도, 우리는 선택을 해야만 한다는 사실을 알아야 한단다."

"선택을 한 뒤에 닥쳐올 괴로움과 뉘우침은 어떻게 하고요?"
"그래도 선택은 해야만 하지. 너희 할아버지께서는 지금까지도 그 일로 괴로워하고 계시단다."
노마는 머릿속으로 이런 생각을 하면서 주먹을 불끈 움켜쥐었다.
'아무리 괴롭고 힘들어도, 생이별을 해도, 여자 혼자서 팔 남매를 데리고 문경새재를 넘는 일이 생겨도……. 결국 선택은 해야만 한다. 하지만 신중하고 올바르게 해야 한다.'

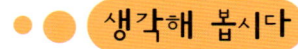
생각해 봅시다

노마 할아버지께서는 힘든 결정을 하셨습니다.
누구나 살아가다 보면 그것이 아무리 결정하기 어렵다 하더라도 어쩔 수 없이 선택해야만 하는 경우가 있습니다.
여러분도 그와 비슷한 경험을 해 보았거나, 들어 본 일이 있을 것입니다. 듣거나 혹은 직접 경험한 이야기들을 주변 사람들과 서로 이야기해 보세요. 그리고 내게 그런 일이 일어난다면 어떤 선택을 할 것인지 스스로 결정해 보세요.

주제: 이럴 수도 저럴 수도 없는 경우

다음과 같은 경우에는 어떤 방법이 있을지 생각해 보세요.

① 밖에서 놀다 집으로 돌아와 보니, 마루에서 잠자는 동생의 배 위에 독사 한 마리가 똬리를 틀고 있었다(방학 중에 시골에 갔다가).

② 친구들끼리 바다에 나갔다가 풍랑을 만나 간신히 구명 보트를 타게 되었는데, 여자 아이 네 명과 남자 아이 네 명이 타고 있었다. 그런데 구명정은 네 명밖에 탈 수가 없다. 만일 네 명 이상 타게 되면 곧 가라앉아 버리고 말 것이다. 이럴 경우 어떻게 하겠는가?

풀리지 않는 문제

"선생님은 왜 저를 때리세요? 엄마도 때리지 않는데요."
"어머니께서 때리시지 않더라도 선생님은 너를 때릴 수 있는 거야. 이게 다 명철이를 위해서지."
"저를 위해서라고요? 선생님은 항상 저만 미워하셨어요. 다른 아이는 떠들어도 그냥 내버려 두시고는 제가 떠들면 꼭 야단치시지 않으셨어요?"
"내가 꼭 명철이 너를 미워해서 야단쳤다고 생각지는 마라. 단지 네가 공부 시간에 너무 소란스럽고, 선생님 말씀을 잘 들으려 하지 않았기 때문에 야단을 친 거란다."
명철이와 선생님의 논쟁은 계속되었다. 사실 오늘도 명철이의 수업 태도는 퍽 나빴다. 선생님께서 하시는 말씀을 들으려 하지도 않았고 노래까지 흥얼거리고 있었다. 계속 비스듬히 앉아 짝과 이야기만 하고 있었다. 결국 선생님께서 명철이를 불러내서 칠판 앞에 꿇어앉아 있으라고 하셨다.

그런데 문제는 명철이의 태도였다. 불평 어린 어조로 욕을 하는 듯하더니 주먹으로 마룻바닥을 내리쳤다. 선생님께서는 이것을 아시는지 모르시는지 수업을 계속하려 하셨지만, 명철이는 다시 벽을 박박 긁어 댔다.

선생님께서는 이제 더 이상 안 되겠다 싶으셨는지 매를 드시고는 기어이 명철이에게 손을 대셨다. 교실은 갑자기 쥐 죽은 듯 조용해졌고, 두 대를 더 맞은 명철이는 꿇어앉아 있는 상태로, 선생님께서는 교탁에 서 있으신 상태로 이야기를 계속했다.

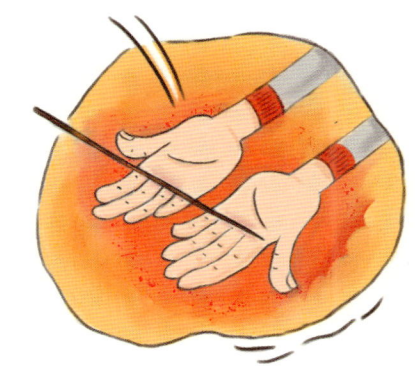

"제가 공부 시간을 얼마나 방해했다는 거예요? 5학년 때 선생님은 그래도 저에게 야단을 치지도, 매를 들지도 않으셨어요. 저는 지금 선생님이 너무 싫어요. 방금 전만 해도 그래요. 왜 또 두 대를 더 때리셨어요?"

"그건 네가 벌받는 자세가 전혀 안 돼 있었기 때문이지."

"선생님은 선생님이 싫어하는 아이들한테 벌을 주실 때 벌받는 자세가 안 됐다면서, 그렇게 마음 내키시는 대로 또 때릴 수 있으신 거예요?"

그때 첫 시간을 마치는 종이 울렸고, 명철이는 자리에 들어가 앉아

있었다. 얼굴이 상기된 채로. 그 얼굴은 마치 탈바가지를 쓴 것처럼 느껴졌다. 선생님 얼굴도 심각해 보였다. 세상의 고민을 다 짊어진 사람 같아 보였다.

다른 때 쉬는 시간과는 달리 아이들은 조용히 다음 시간 공부를 준비하고 있었다. 몇몇 아이들은 작은 소리로 수군거렸다.

"4학년 때 선생님은 호랑이 선생님이셨어. 숙제를 안 하거나 자습을 안 하거나 하는 것은 상상할 수도 없었지."

"3학년 때 박 선생님은 우리들의 마음을 퍽 잘 알아 주셨어. 항상 웃는 얼굴이셨고, 자상하게 지도해 주셨지."

각자 겪은 선생님들에 대해 한두 마디씩 이야기를 했지만, 아무도 지금의 담임 선생님에 대해서는 이야기하지 않았다.

집에 오면서 노마와 정길이는 명철이의 이야기를 하게 되었다.

"너, 명철이에 대해 어떻게 생각하니?"
"오늘 있었던 일 말이구나!"
"그래."
"명철이는 자기 힘만 믿고 다른 아이들

을 괴롭히곤 해. 간식을 달라고 해서 주지 않으면 주먹을 얼굴에 갖다 대는 걸 여러 번 봤어. 그래서 반장인 형주마저도 명철이에게 아무 말도 못 하잖아."

정길이는 평소에 명철이에 대해 많은 반감을 가지고 있는 듯했다.

"오늘 일만 해도 그래."

정길이는 다소 흥분된 듯이 이야기를 계속했다.

"명철이는 거짓말을 했어. 명철이는 5학년 때 선생님이 야단을 치지도, 매를 때리지도 않으셨다고 말했지만 사실과 달라. 5학년 때도 명철이는 선생님께 야단을 많이 맞았어. 매도 맞았고."

"그렇지만 5학년 때 선생님이 명철이 생각에는 더 좋을 수도 있잖니?"

"물론 그래. 그렇지만 그것도 이상하다고 생각해. 선생님이 좋다 나쁘다 하는 것은 우리가 얘기할 일은 못 되는 것 같아. 어쨌든 우리를 위해 애쓰시는 분이시잖아. 그렇게 얘기하자면 나는 5학년 때 선생님보다 지금 선생님이 훨씬 좋아."

"왜 그래?"

"지금 선생님은 나한테 작은아버지처럼 자상하게 대해 주셔. 내게 야단을 치실 때도 있지만, 그건 내가 잘 되라고 하시는 거라 오히려 고마운 생각이 들 정도야."

"그 이야기는 그만 하자. 왠지 우리들이 선생님을 평가하고 있는 것 같아. 모든 사람은 다 장단점을 가지고 있는데 말이야. 그런데 정길아, 앞으로 이 일이 어떻게 마무리됐으면 좋겠니? 명철이와 선생님 사이 말이야."

"나는 그 일이 그리 큰일이라고 생각지 않아. 마무리되고 말고 할 것도 없지. 오히려 선생님께서 명철이를 더 야단치시지 않은 점이 조금은 불만이야. 선생님께서 명철이를 야단치시다 그만두셨기 때문에 명철이는 더 기고만장해져서 우리들을 괴롭힐지도 몰라. 선생님은 마음이 너무 약하셔서 탈이야."

이틀 동안 선생님이나 명철이나 친구들 모두 아무 일 없었다는 듯이 조용히 지냈다. 여느 때와 같이 아이들은 군데군데 모여 떠들기도 하고 옆반을 기웃거리기도 했다. 그러나 노마는 아직도 많은 의문을 가지고 있었다.

'명철이가 선생님께 대들다시피 한 행동이 과연 옳은 것인가? 내가 선생님이었다면 그때 어떻게 했을까? 정길이는 왜 명철이한테 심한 반감을 가지고 있을까? 명철이와 친구로서 사이 좋게 지낼 수는 없는 걸까?'

노마의 생각은 꼬리를 물고 계속 이어지고 있었다. 공부 시작종이 울리고 음악 시간이 되자, 명철이는 일주일 동안 연습한 '오빠 생각'을 친구들과 함께 부분 이부합창으로 멋지게 불렀다. 교실이 떠나갈 듯 박수 소리가 났다.

그때 명철이가 더 이상 아이들을 괴롭힐 거라는 생각은 전혀 들지 않았다. 명철이가 노래를 참 잘했다고 칭찬하시던 선생님께서 농담을 하셨다.

"하나 하면 할머니가 지팡이 짚고서 잘잘잘, 두울 하면 두부 장수

종을 친다고 잘잘잘……."

 선생님의 우스꽝스러운 목소리와 행동에 아이들은 코미디언을 연상하면서 웃어 댔다. 노마는 비로소 미소를 머금었다. 그 며칠 동안의 의문들이 많은 것을 생각하게 해 준 것도 같았다.

 하지만 아직도 해결되지 않은 것이 더 많이 남아 있다. 왜 이런 문제는 쉽게 풀리지 않는 것일까?

생각해 봅시다

여러분도 교실이 활기차고 화기애애하기를 바랄 것입니다. 그런데 노마네 반에서 일어났던 일은 즐거운 교실 분위기를 해치는 원인이 되고 있군요.
이와 같이 여러분 교실에서도 흔히 볼 수 있는 상황을 경험하며 노마는 많은 의문을 갖게 됩니다. 그 의문점이 무엇인지 함께 생각해 보세요.
만약 여러분이 노마에게 답을 해 준다면 무엇이라고 말해 주고 싶나요?

주제: 유사점과 차이점

다음의 글을 읽고 빈 칸을 채워 보세요.

❶ 모든 새끼 고양이는 .... (와) 같다.

왜냐하면 ....

어느 새끼 고양이도 .... (와) 같지 않다.

왜냐하면 ....

❷ 몇몇 꽃들은 .... (와) 같다.

왜냐하면 ....

어느 꽃들도 .... (와) 같지 않다.

왜냐하면 ....

❸ 어떤 친구는 .... (와) 같다.

왜냐하면 ....

친구들은 결코 .... (와) 같지 않다.

왜냐하면 ....

❹ 어떤 길은 .... (와) 같다.

왜냐하면 ....

어떤 길은 .... (와) 같지 않다.

왜냐하면 ....

비겁했던 우리

"……어린 코끼리는 왜 자기가 못생겼다고 생각했지?"
 선생님의 질문에 여기저기서 아이들이 '저요, 저요!' 하면서 소리를 질러 댔다. 선생님께서는 아이들을 둘러보며 이렇게 말씀하셨다.
 "'저요, 저요!' 하며 소릴 지르는 사람은 안 시킬 거야. 조용히 앉아서 손만 들어야지."
 선생님의 말씀이 끝나자마자 아이들은 쥐 죽은 듯이 조용히 손만 높이 치켜들었다. 선생님께서는 영주를 시키셨다. 영주는 신바람이 나서 벌떡 일어나 큰 소리로 대답했다.
 "몸이 크고 코가 길어서요."
 선생님께서는 고개를 끄덕이시면서 말씀하셨다.
 "그래, 어린 코끼리는 몸이 크고 코가 길어서 자기가 못생겼다고 생각했단다. 그런데 어린 코끼리는 무엇으로 남을 도울 수 있었지?"

선생님의 말씀이 끝나자마자, 경수가 주먹을 오무렸다 폈다 하며 손을 들었다. 이번에는 경수가 행운을 쥐었다.

그런데 경수는 엉뚱하게도,

"심심해서 한번 들어 봤어요."

라고 말하며 입가에 장난스러운 미소를 흘리는 것이었다. 선생님께서는 안경을 콧등으로 밀어 올리시며(이건 선생님께서 무척 화가 나실 때 하시는 버릇이다.) 소리치셨다.

"박경수, 너 이리 나와!"

경수는 선생님의 말씀에도 아랑곳없이 그 자리에서 딴 짓만 했다. 선생님께서는 다시 한 번 경수를 부르셨고, 그제야 경수는 어슬렁어슬렁 앞으로 나갔다.

"박경수, 장난도 한두 번이 재미있지. 매번 그게 무슨 짓이냐? 아무리 생각해도 이번만은 그냥 넘어갈 수가 없겠구나."

교실에는 매 맞는 소리가 울려 퍼졌다.

"싸다, 싸!"

곳곳에서 아이들의 수군거리는 소리가 들렸다. 그리고 마음속으로는 이런 생각을 하는 아이들도 있었다.

'뭐? 우리가 못됐다고? 반 친구에게 어떻게 그렇게 매정하게 대할 수 있냐고? 흥, 모르는 소리 하지 말라고. 경수가 어떤 앤 줄 알아? 경수 그 녀석은 순악질에다 일자무식이라고. 우리 반에서 경수한테 당하지 않은 아이 있으면 나와 보라고 해. 경수는 툭하면 자기가 심심하단 이유로 다른 아이들을 때린다고.'

'왜 바보같이 맞기만 하냐고? 누군 맞고 싶어서 맞나? 경수가 우리 반에서 가장 힘이 세기 때문에 할 수 없이 맞는 거지. 그러니까 경수 엉덩이에서 먼지가 날 때마다 안 됐다는 마음보다, 앓던 이가 빠져나가는 듯 후련한 기분이 드는 거라고!'

다음 날, 국어 시간 전에 경수가 앞으로 나가서 폭탄 선언을 했다.
"너희 중 수업 시간에 선생님 질문에 대답하는 사람은 나중에 나한테 혼날 줄 알아!"
모두가 서로 수군수군하기만 할 뿐, 나서서 반대하는 아이는 아무도 없었다. 경수의 눈 밖에 나는 걸 무서워했기 때문이다.
종이 울리자 곧이어 선생님께서 들어오셨다. 선생님께서는 무슨 기분 좋은 일이 있으셨는지 싱글벙글 웃으시면서 책을 교탁 위에 놓으셨다. 노마는 조금만 있으면 뒤바뀔 선생님의 얼굴을 상상해 봤다.
수업 시작 인사가 끝나자 선생님께서는 책을 펴셨다. 선생님께서는 책을 읽으시며 중요한 부분을 설명하셨다.
얼마 후, 드디어 운명의 순간이 다가왔다. 선생님께서 질문을 하셨는데, 예상대로 모두들 꿀먹은 벙어리 흉내를 냈다. 고개를 푹 숙이고 손가락만 꼼지락거리는 애들 모습이라니……. 하지만 그 상황에선 누구도 어쩔 수 없었을 것이다.
선생님께선 다시 한 번 똑같은 질문을 하셨다. 노마는 속으로 중얼거렸다.
'그래 봤자 헛수고예요, 선생님.'

그런데 그게 아니었다. 바로 그때 경희가 손을 드는 것이었다. 반 아이들 모두 푹 수그리고 있었던 고개를 들고 경희를 쳐다보았다.

집으로 돌아오는 길에 민철이가 걱정스러운 목소리로 말했다.
"경희, 그 애 어쩌려고 그랬을까? 모르긴 해도 오늘 경수한테 단단히 혼날걸. 난 지금까지 경수가 여자라고 조금이라도 봐주는 걸 본

적이 없어. 경희는 정말 바보 같은 짓을 했어."

노마는 아무 말도 하지 않고 걷기만 하다가 잠시 후 먼저 입을 열었다.

"경희가 바보 같은 짓을 했다고? 난 오히려 우리가 바보 같은 짓을 했다고 생각하는데."

그리고 잠시 호흡을 가다듬더니 다시 말했다.

"우리는 경수의 주먹 앞에서 비겁하게 행동했어. 그런데 우리 반에서 가장 허약한 경희는 경수의 위협 앞에서도 자기가 옳다고 생각한 대로 행동했지. 나는 자기 몸을 아끼기보다 자기 생각을 아낀 경희가 정말 똑똑하고 용기 있는 애라고 생각해."

그러자 민철이는 머리를 긁적거리면서 말했다.

"네 말을 듣고 보니까……. 난 무슨 행동이든 지나치거나 모자라는 것은 옳지 않은 행동이라고 생각했던 것 같아. 그리고 아까 그 순간에는 입을 꼭 다물고 있는 것이 바로 지나치지도 모자라지도 않는 중간이라고 생각했지. 왜냐하면 다른 아이들도 가만히 있을 거니까. 그런데 지금 와서 생각해 보니, 내가 그때 잘못 생각했던 것 같아."

그때 뒤에서 민철이를 부르는 소리가 들렸다. 바로 경희였다. 민철이와 노마는 깜짝 놀라 경희를 보며 동시에 물었다.

"경희야, 괜찮니?"

그러자 경희는 씩 웃으며 말했다.

"응, 말짱해."

"어떻게?"

"다 방법이 있지."

노마와 민철이는 경희 손을 붙잡고 자초지종을 묻지 않을 수가 없었다. 바로 이때 영미가 뛰어와 경수하고 있었던 일을 들려주었다.

학교 공부가 끝나고 집에 가는 길목에서 경수는 경희를 기다리고 있었어. 경희를 보자, 경수가 쏜살같이 달려와 경희 앞을 가로막고 서서 소리쳤지.

"각오는 돼 있겠지? 넌 많은 애들 앞에서 날 무시했으니까, 뜨거운 맛 좀 봐야 해."

그러자 경희는 경수에게 다가서서 똑바로 쳐다보며 말했어.

"각오는 무슨 각오? 맛은 무슨 맛?"

"어허, 이걸! 이걸 그냥!"

경수가 손을 올리며 경희를 막 때리려고 하는데, 저만치서 어떤 아저씨가 이쪽으로 걸어오고 계셨어. 경희는 더욱 큰 소리로 말하기 시작했어.

"넌 우리를 함부로 때리고 못살게 굴어 왔어. 그래서 우리를 네 마음대로 할 수 있다고 생각하고 있지. 하지만 우린 모두 너를 무서워하는 게 아니라, 싫어하고 미워하고 있어."

그 아저씨께서 다가오자 경수는 발을 동동 구르다,

"어디 두고 보자!"

라는 말만 남기고 달아나 버렸어.

"그럼 경희가 이긴 거야, 경수가 봐준 거야?"

노마가 묻자 가만히 서 있던 경희가 매서운 눈초리로 말하기 시작했다.

"이기긴 누굴 이기고, 봐주긴 누굴 봐주니?"

노마와 민철이가 그냥 듣고만 있으니까 경희가 다시 말했다.

"경수 같은 애한테 항상 당하고만 있으면, 그 애는 자기가 제일인 줄 알고 점점 기고만장해질 거야. 우리 반 애들은 모두 힘을 합쳐 우리가 그 애의 행동을 못마땅하게 생각한다는 걸 보여 줘야 해."

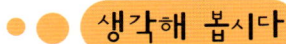

민철이는 지나치지도 모자라지도 않는 행동이 옳은 행동이라고 했습니다. 이 말이 어떤 뜻인지 생각해 보세요.
여러분은 민철이의 생각에 찬성하나요, 반대하나요?
찬성한다면 민철이는 과연 자신의 생각대로 행동했는지 판단해 보세요. 또, 반대한다면 왜 그렇게 생각하는지 말해 보세요.

주제: 중요한 것

다음 중 노마가 자신이 원하는 것을 아는 것이 중요한지, 중요하지 않은지 알아보세요.

❶ 노마 어머니께서 노마에게 점심으로 무엇을 먹고 싶냐고 물으셨다. (   )

❷ 선생님께서 노마에게 장래에 무엇이 되고 싶냐고 물으셨다. (   )

❸ 현수가 노마에게 저녁을 먹고 나서 무엇을 하고 싶냐고 물었다. (   )

여름과 개미

더위가 마지막 기승을 부리고 있었다. 아이들은 너나 할 것 없이 더위 때문에 헐떡이고 있었다.

치마를 무릎 바로 위까지 올리고 고개를 앞뒤 좌우로 끄덕이는 아이가 있는가 하면, 제 살을 꼬집으면서까지 졸음을 쫓는 아이도 있었다. 선생님의 말씀 한 마디 한 마디를 머리에 새기려는 듯, 귀를 쫑긋 세우고 있는 아이도 있었다.

교실의 맨 뒤 구석에서 친구들의 몸짓을 보며 재미있어 하던 나리는 이내 그 일이 싫증이라도 난 듯, 길게 하품을 하고는 시계를 힐끗 쳐다보았다.

'우아, 이제 곧 점심 시간이다!'

나리는 속으로 이렇게 소리쳤다.

드디어 점심 시간.

"나리야, 쟤 좀 봐."

진숙이가 팔을 툭 치는 바람에 젓가락을 떨어뜨린 나리는, 몸을 구부려 젓가락을 주워 올리면서 진숙이가 가리키는 곳을 쳐다봤다.

"초롱이 말야?"

"응. 쟤, 굉장하지 않니? 방학 전만 해도 반에서 겨우 중간 정도 하던 애가 이번 시험에서 일등을 했잖니? 그 사이 무슨 일이 있었을까?"

"일은 무슨 일? 방학 동안 열심히 공부했겠지. 지금도 보렴. 점심을 먹으면서 책을 보고 있잖니?"

그때 '말괄량이'로 소문난 민선이가 밥을 먹다 말고 뒤를 돌아보며 말했다.

"난 저런 거 보면 밥맛이 없어져. 쟤가 저러는 게 잘난 체하는 것으로밖엔 안 보여. 그건 그렇고, 너희들 요번 일요일에 시간 있니?"

"왜?"

"일요일에 집에만 있으면 뭐 하니? 우리 도봉산에나 같이 가자, 응?"

민선이의 말에 나리와 진숙이는 한번 생각해 보겠다고 대답했다.

방과 후, 집으로 가던 도중 나리는 어떤 가게 앞에서 걸음을 멈췄다. 거기서 아저씨 둘이 주먹질을 하고 있었다.

아저씨들의 입술에서는 벌그죽죽한 피가 배어 나오고 있었다. 이야기인즉 선풍기를 서로 자기가 차지하겠다고 하다가 주먹질을 하게 된 것이라고 했다.

그곳을 지나 집에 온 나리는 자기 방으로 들어가 책가방을 던지듯

내려놓았다.

'후유! 여름에는 머리카락이 다 빠져 버릴 정도로 덥고, 겨울에는 뼈 속 마디마디까지 찬바람이 쌩쌩 일 정도로 춥고……'

"나리야, 밥 먹어야지!"

어머니의 목소리가 들려왔다. 나리는 밥을 먹으며 오늘 길에서 본 일을 어머니께 말씀드렸다. 어머니께서는 얼굴을 찌푸리시며 말씀하셨다.

"에구, 한심한 놈들. 부모가 뼈 빠지게 키워 놓으니까 그래, 겨우 그 모양이야……."

그러자 얼마 전에 이솝우화를 읽은 나리 동생 명덕이가 입을 열었다.

"그 사람들은 꼭 베짱이 같네. 일은 안 하고 놀면서 선풍기를 가지고 싸움이나 하니까. 그치 누나?"

명덕이는 나리가 맞장구라도 쳐 주기를 바라는 눈빛으로 뚫어지게 쳐다보았다.

"놀기만 하면 다행이게. 그것도 모자라 싸움질까지 하는 걸 보면 베짱이만도 못한 게 분명해."

나리는 빙그레 웃으며 대답했다.

그러자 어머니께서 두 남매를 사랑스럽게 쳐다보시면서 입을 여셨다.

"그러고 보니까 베짱이만도 못한 사람이 한 명 더 생각나는구나. 얼마 전에 시장에서 들은 이야긴데, 술에 취한 한 젊은이가 떠내려가는 술병을 건지려고 강물에 뛰어들었다가 죽은 일이 있었다는구나. 에구, 세상이 어떻게 되려는지."

나리는 아무 말도 하지 않았다. 그리고 잠시 후 천천히 고개를 저으며 말했다.

"엄마, 그렇지 않은 사람도 있어요. 몇 해 전에 장애자 네 명이 자신들의 신체적 결함을 이겨 내고 대한해협을 헤엄쳐 건넜다는 이야기를 들은 적이 있어요. 그런 사람들이 있는 한 세상이 어떻게 되지는 않을 거라고요."

"그렇구나! 내가 쓸데없는 걱정을 한 것 같다. 생각해 보니까 우리 주위에는 개미처럼 부지런히 일하는 사람도 많이 있지. 엄마가 일하는 시장의 아줌마들도 그렇고, 우리 앞집에 사는 학생도 그렇단다. 엄마가 밤 열두 시에 시장 일을 마치고 돌아올 때 보면, 그때까지 그 집 다락 방에는 불빛이 꺼지지 않고 있어. 그리고 새벽 여섯 시에 생선을 떼러 나갈 때 보면, 그때도 역시 불빛이 새어 나오는 게 보인단다. 아마 그 학생은 날마다 밤새 땀을 뻘뻘 흘리며 공부를 하는 게 분명할 거다."

그때 숭늉을 마시고 있던 명덕이가 그릇을 상 위에 놓으면서 물었다.

"엄마, 제가 만날 때마다 얼굴이 분화구 같다고 놀리는 형 말하는 거예요?"

어머니께서는 명덕이의 머리카락을 한쪽으로 쓰다듬으시면서 말쓿하셨다.

"그래, 바로 그 형이다. 하지만 이제부턴 그렇게 놀리지 마라."

다락방에 올라온 나리는 앞집의 다락방에서 여전히 새어 나오는 불빛을 쳐다봤다. 그리고 책상에 앉아서 오늘 하루 생겼던 일을 일기장에 써 내려갔다.

'나는 우리집이 넉넉지 못한 형편이라는 게 서러웠어. 그건 지금도 마찬가지야. 그렇지만 그것 때문에 무기력하게 살지는 말자. 이 여름을 땀에 젖어서 살아가는 사람만이 내일의 태양을 떳떳하게 맞이할 수 있을 테니까……. 내일 학교에 가면 민선이한테 산엔 못 간다고 해야겠다.'

생각해 봅시다

이 세상에는 개미처럼 일해도 여전히 못 사는 사람이 많습니다. 반면에 그렇게 일을 하지 않아도 잘 사는 사람도 있습니다. 왜 그럴까요?
나리는 세상이 아무리 공평하지 못하다 할지라도 개미처럼 열심히 살아가는 사람들이 있는 한 아직 희망이 있다고 생각합니다.
여러분 주위에도 이런 사람들이 있는지 살펴보세요. 그리고 여러분 자신이 세상의 희망이라고 할 수 있는지도 한번 생각해 보세요.

함께 철학하기

주제: 내 생각

다음 글을 읽고 자기의 생각과 같으면 (○)표, 틀리면 (×)표 하고, 그 이유를 말해 보세요.

❶ 영수 : "나는 욕심쟁이로 살아가기보다는 차라리 남을 도우면서 가난하게 살겠어." (   )

이유 :

❷ 보미 : "나는 수단과 방법을 가리지 않고 돈을 많이 벌어서 부자가 되겠어. 그 다음에 남을 돕거나 다른 것을 생각하겠어." (   )

이유 :

2. 농촌의 멋과 어려움

옛날에는 먹고사는 농사일이 가장 중요한 일이었습니다. 그런데 상공업이나 서비스 산업이 발전하면서 시골에서 농사짓는 일은 뒤로 밀리게 되었습니다.

도시와 농촌, 농사일을 하는 사람들과 다른 일을 하는 사람들이 모두 잘 살 수 있는 방법은 없을까요?

시골 냄새

노마는 수업을 마치고 집에 간다는 사실이 즐거워서 콧노래가 절로 나왔다. 그런데 준용이는 그게 아닌 듯했다.
"준용아, 너 기분 나쁜 일이라도 있니?"
"실은 집에 가기 싫어. 시골에서 할머니가 오셨거든."
"할머니가 오시면 좋지, 왜?"
노마는 지난 겨울 방학 때 놀러 갔던 시골 할머니 댁을 생각하며 이해가 안 간다는 듯이 되물었다.
"우리 할머닌 얼굴이 까매. 주름살도 많으시고. 거기다 시골 냄새까지 나."
"냄새가 나서 싫다고? 그래도 난 할머니가 제일 좋더라. 난 방학만 기다려진다고. 얼른 시골에 가 보고 싶어."
준용이는 노마의 말이 귀에 들어오지 않는 듯 계속 말했다.

"나도 그랬었어. 그런데 할머니가 우리 집에 오신 뒤론 많이 불편해졌어. 오늘 아침엔 할머니께서 새벽같이 일어나셔서 동생이랑 나를 깨우시는 거야. 서울 애들은 왜 이렇게 게으르냐면서. 시골에선 지금이면 한참 일할 시간이라는 거야. 난 어젯밤 동생이랑 늦게까지 텔레비전을 보다 잤거든. 그래도 할 수 없지 뭐. 억지로 눈을 비비고 일어났어."

노마가 웃으며 준용이를 위로하듯이 말했다.

"우리 할머니랑 비슷하시구나. 우리 할머니도 아주 부지런하셔. 시골에서 사는 사람들은 부지런해야 하나 봐."

"그런데 그 정도는 별일 아니야. 노마 너도 알지, 우리 엄마 직장 나가시는 거. 그래서 오늘 아침을 할머니가 차려 주셨거든. 그런데 식탁 위엔 내가 싫어하는 콩나물국에다가 시골에서 가져온 짠 밑반찬들만 잔뜩 있었어. 난 먹기 싫어서 빵이랑 우유를 먹겠다고 했지. 그랬더니 할머니께선 서양 사람도 아니면서 어떻게 빵이랑 우유만 먹고 견딜 수 있냐며 막 야단을 치시는 거야."

"너희들 건강 생각하시고 정성껏 준비하셨을 텐데, 좀 서운하셨겠다."

"먹기 싫은 걸 어떡하니? 그렇게 버릇이 든 걸. 너도 햄버거 좋아하잖아? 할머닌 이것저것 보기 싫은 게 많고 답답해서 하루도 못 있겠다시면서 당장 시골로 내려가시겠대. 그래서 우리 엄마, 아빤 안절부절못하셔."

"준용아, 넌 할머니가 널 이해 못 하시는 것 같니?"
"그게 아니라, 할머니와 난 딴 세상 사람 같다는 생각이 들어. 우리 아빤 어렸을 때 농사일을 돕기도 하셨고 산속을 맘껏 누비며 사셨다는데, 우린 뭘까?"
"우리야 아파트 숲과 차가 붐비는 거리를 누비고 있지. 햄버거나 주스를 먹고, 컴퓨터 게임을 하면서 말이야."
"그래서 우리의 마음속 어디에도 할머니나 아빠가 남겨 두고 떠나오신 시골의 모습은 없어. 시골은 우리의 뿌리일지도 모르는데, 우린 그걸 잃고 살아가고 있는 게 아닐까?"
"준용아, 너희 할머니께선 널 야단치신 게 아니라 우리의 뿌리 없는 모습을 야단치신 걸지도 몰라."
노마의 말에 준용이는 어쩌면 정말 그럴지도 모른다는 생각이 들었다.

생각해 봅시다

준용이는 아침에 늦게 일어난다고 할머니께 꾸중을 들었습니다. 또 서양 사람들의 주식인 빵이나 우유를 먹는다고 야단을 맞았습니다.
그러나 노마는 준용이 할머니가 준용이를 야단치신 게 아니라 우리의 뿌리 없는 모습을 야단치신 것일지도 모른다고 말합니다.
준용이가 말한, "시골이 우리의 뿌리일지도 모르겠다."는 말은 무슨 뜻일까요? 또, 요즘 우리의 생활에서 뿌리 없는 모습으로 나타나는 것은 무엇일까요?

함께 철학하기

주제: 빗대서 생각하기

다음 괄호 안에 알맞은 말을 넣어 보세요.

1. 동수의 행동은 몹시 느리다.
   동수의 행동은 마치 (   )처럼 느리다.
2. 정아의 얼굴이 빨개졌다.
   정아의 얼굴이 마치 (   )처럼 빨개졌다.
3. 누더기 옷을 입고 있는 아이가 있다.
   그 아이는 마치 (   )처럼 보인다.
4. 손가락을 입에 물고 있는 아이의 모습은 마치 (   )처럼 보인다.
5. 비를 흠뻑 맞은 순아의 모습은 마치 (   )처럼 보인다.

혼자 떠난 기차 여행

"이제 5학년이면 다 컸으니 외가 정도는 너 혼자 찾아갈 수 있겠지?"
"물론이죠, 걱정 마세요. 눈 감고도 찾아갈 수 있으니까요."
노마는 자신 있게 대답했지만, 어머니께서는 아직도 못 미더우신 듯 말씀하셨다.
"또 작년처럼 장난치다 다쳐서 외할머니 속 썩이지 말고……."
"에이 참, 엄마도. 작년하고 같은가요, 뭐. 저도 이젠 다 컸다니깐요, 히히히……."
기차를 타고 서울을 빠져나올 때까진 얼마간 불안하기도 했지만, 창밖으로 짙푸르게 펼쳐진 들판을 보자, 노마는 마음이 안정되는 것 같았다.
매년 여름 방학이 되면 노마는 어머니나 아버지와 함께 외할머니께서 기다리시는 모시래 마을로 찾아가곤 했었다. 그러나 이번 방학

엔 아버지께서는 회사 일 때문에, 어머니께서는 요즘 시작한 부업 때문에 같이 가실 수가 없었다.

노마는 혼자 먼 길을 가야 한다는 것이 전혀 망설여지지 않는 건 아니었다. 경부선 기차를 타고 가다가 조치원에서 다른 기차로 갈아타야 했기 때문이다. 그러나 한편으론 그쯤이야 못할까 하는 오기가 마음속에서 꿈틀거리기도 했다.

'허클베리는 수천 킬로미터나 되는 미시시피 강을 뗏목으로 모험했다는데……. 엄마 찾아 삼만 리를 떠난 마르코에 비하면, 나는 외할머니 찾아 삼백 리? 그래, 외할머니를 찾아 삼백 리 길을 떠나 보는 거야.'

"허어, 우리 노마가 이젠 의젓해졌으니, 장가보낼 일만 남았구나."

아버지께서는 노마 혼자 외가에 가는 일을 너털웃음으로 허락해 주셨다. 노마는 몇 번에 걸친 어머니의 설명을 들으며 짐을 꾸렸다. 일기장, 스케치북, 물감, 수영복, 속옷……. 하나하나 작은 배낭에 챙겨 넣으면서, 전에는 느끼지 못했던 자신감에 힘이 솟는 것 같았다.

'철커덕, 철커덕, 빠아앙.'

마치 말 달리는 소리처럼 들리는 기차 바퀴 소리와 가끔씩 길게 늘어지는 기적 소리가 꿈결 속의 음악 같았다. 창밖엔 빗물에 세수를 한 푸른 들판이 선명하게 출렁대고 있었다.

"얘, 어디까지 가니?"

"충주까지요."

옆자리에 앉아 있던 아저씨께서 노마에게 말을 걸어 오셨다.

"몇 학년이냐?"
"5학년인데요."
"흠, 그래. 너 보통이 아니구나! 혼자 그 먼 데까지 여행하는 걸 보니. 전에도 여러 번 가 보았니?"
"네, 하지만 혼자 가는 건 이번이 처음이에요."
"그래도 장하구나. 우리 애 같으면 어림도 없을 텐데. 우리 애도 5학년이란다, 너처럼. 그런데 어찌나 의존심이 많은지……. 넌 참 자립심이 강하구나."

노마는 내심 흐뭇했다. 자립심이 강하다는 칭찬을 듣자 가슴 한구석에 남아 있던 두려움이 싹 사라지는 듯한 느낌이 들었다.

"그래, 혼자 여행하는 기분이 어떠니?"
"처음에는 겁이 났지만 지금은 괜찮아졌어요. 바깥 경치도 마음에 들고, 또 아저씨같이 친절하신 분을 만난 것도 기분 좋은 일이잖아요."
"고맙구나, 좋게 생각해 주니. 아저씨도 젊었을 때는 혼자 배낭을 메고 무전 여행을 떠난 적이 있단다. 서울을 출발해서 보름 동안 돌아다녔지. 처음 이삼일 동안은 혼자 텐트 속에서 잔다는 것이 얼마나 외롭고 두려웠는지 모른다. 낯선 사람들과 대화하기도 무척이나 어색했지. 그러다가 문득 혼자 있다는 것이 결코 외롭거나 두려운 것만은 아니란 생각을 하게 됐지."

"어째서요?"

"나는 많은 것을 생각하고 배우게 되었단다. 우리가 살고 있는 이 땅을 다시 생각하게 되고, 생전 처음 만나는 사람들에게서도 친근감을 느끼게 되었지. 그리고 밤에는 낮에 있었던 일을 깊이 생각하고 정리했단다. 그때의 경험이 내겐 지금도 많은 도움이 되고 있지."

노마는 아저씨의 이야기를 들으며 이해할 수 없는 부분도 많았지만, 혼자 지내는 게 좋을 때도 있다는 걸 알 수 있을 것 같았다.

'그래, 나도 혼자서 어떤 생각에 몰두하고 난 뒤에 가슴이 뿌듯해지는 경우가 있었지. 물론 머릿속이 상쾌해지는 느낌도 들었고 말이야. 친구들과 함께 장난치고 떠들 땐 그저 즐겁다는 생각뿐이었는데……. 오늘만 해도 그래. 엄마, 아빠에 대한 생각도 늘 같이 지낼 때와는 달라. 이게 새롭게 생각해 본다는 걸까? 우리 선생님께서도 언젠가 말씀하셨지. 사람은 자기 자신과의 깊은 대화를 통해 더욱 자라게 된다고……. 항상 똑같게 생각되던 것들도 이렇게 혼자 여행을 하며 돌이켜 보니 좀 다르게 생각되는걸.'

"얘야, 뭘 그렇게 생각하고 있니?"

노마가 창밖을 내다보며 한동안 말이 없자, 궁금하다는 듯이 아저씨께서 물어 오셨다.

"네? 좀 이상한 생각이 들어서요."

아저씨께서는 빙그레 웃으시며 또 물어 오셨다.

"이상한 생각이라니?"

"아저씨, 자기와 대화를 나눈다는 것이 정말 옳은 말인가요? 대화는 두 사람 이상인 경우에나 가능한 게 아니에요?"

"물론이지. 하지만 사람은 자기 스스로와 대화할 수 있단다."

"혼자 중얼거리고 있으면 사람들은 정신 나간 사람이라고 하던데요."

"하하, 그래. 약간 얼빠진 사람으로 보이기도 하겠지. 조금 전의 너처럼……."

"제가요? 그렇게 보였나요?"

노마는 눈을 동그랗게 떠 보였다.

"그래, 아주 넋이 나갔더라. 허허허……."

아저씨의 웃음소리를 들으면서도 노마는 자기 자신과 대화를 나눈 모습이 있었다는 게 조금도 부끄럽지 않았다.

집에선 어머니로부터 거의 매일 촐랑거린다는 핀잔을 듣지만, 오늘은 혼자 떠난 기차 여행을 통해 자신의 새로운 모습을 발견했다는 즐거움이 있었기 때문이다.

노마가 역에 도착하자 작은외삼촌과 큰외삼촌 아들인 민현이가 마중 나와 있었다.

"무사히 도착해서 다행이구나."

"아니, 그러면 외삼촌은 제가 사고라도 날 줄 아셨어요? 히히히."

"녀석도, 장난꾸러기인 네가 혼자서 여기까지 찾아온 게 기특해서 그런다."

"말해 두겠는데요, 외삼촌. 전 작년하고는 완전히 다른 아이라고요. 민현이 너도 알아 둬. 응!"

"노마, 네가 달라지면 얼마나 달라졌겠냐? 어디 한 번 두고 볼까?"

외사촌 민현이도 노마와 같은 5학년이다. 노마는 외가에 오면 으레 민현이와 동네의 또래들과 함께 어울렸다. 봉수, 창원, 선철, 상진, 종혁, 인준이 등이 그네들이었다.

"애들은 잘 있냐?"

"응, 상진이하고 창원이가 서울로 전학 갔지만, 나머지 애들은 잘 지내."

"왜 전학을 갔지?"

"가 보면 알아."

버스를 타고 외가에 도착하자, 외할머니와 큰외삼촌, 외숙모님께서 노마를 반갑게 맞아 주셨다. 그러고는 아버지, 어머니의 안부를 물으신 뒤 더우면 윗옷을 벗고 등목이라도 하라고 재촉하셨다.

"어푸어푸, 이제 그만, 그만!"

펌프질로 땅 밑에서 끌어올린 시원한 지하수가 등 위로 쏟아지자, 노마는 연방 소리를 질렀다. 등목을 하니 더위가 완전히 가시고, 감기라도 걸리지 않을까 하는 걱정마저 들었다.

"녀석, 엄살은. 어때, 시원하지?"

"시원한 정도가 아니라 얼어 버리겠어요."

외손자가 왔다고 할머니가 차리신 푸짐한 저녁을 먹고 난 뒤, 모두 마당에 멍석을 깔고 앉았다. 뒷밭에서 따 온 참외를 깎아 먹으며, 노마는 민현이와 작은외삼촌과 함께 얘기를 나누었다.

"외삼촌, 왜 장가 안 가? 내일모레면 서른이 다 되잖아?"

"안 가는 게 아니라 못 가는 거다."

"왜 못 가?"

노마가 또 묻자 작은외삼촌은 아무 말도 하지 않았다.

그저 멍석 위에 누워 어두워져 가는 저녁 하늘을 물끄러미 올려다 볼 뿐이었다. 답답해진 노마가 다시 물었다.

"왜 못 가는데, 응?"

"그걸 내가 어떻게 아니?"

작은외삼촌은 벌떡 일어나서 대문 밖으로 나가 버리셨다. 노마는 영문을 알 수 없었다. 외삼촌이 왜 저렇게 화를 내는지 도무지 모를 일이었다.

"내가 대신 얘기해 줄게. 나도 잘은 모르지만, 삼촌이 이번에도 퇴짜를 맞은 모양이야. 그 동안 몇 번 선을 보았다는데, 처녀들이 시골로는 시집을 오려 하지 않는다는 거야."

"아니 왜, 시골로 오지 않는다는 거지?"

"글쎄, 사실 나도 잘 몰라. 하지만 우리 엄마 손을 보니까 어느 정도 알 것도 같아. 남자들이 힘든 일은 다 한다고 하지만, 집안일이 여간 많지 않아. 할머니 시중들어야지, 빨래, 설거지에다 밭일도 해야 하지. 이 참외도 엄마가 가꾸신 거야. 난 엄마가 제대로 쉬시는 걸 한 번도 보지 못했어. 그러니까 손이 얼마나 거친지 몰라. 얼굴도 새까맣게 되었는걸. 시집올 때의 엄마 사진을 보면 얼마나 예쁘셨는데……."

민현이의 설명을 듣고 나자 노마는 작은외삼촌한테 왜 장가 못 가

느냐고 물었던 일이 정말 미안하게 생각됐다. 삼촌의 아픈 가슴을 더욱 아프게 만든 느낌이 들었기 때문이다.

"그런데 상진이하고 창원이는 왜 전학을 갔지?"

"서울이 살기 좋으니까."

"복잡하고 시끄럽기만 한 서울이 뭐가 살기 좋다고?"

"넌 서울 사니까 잘 모를 거야. 서울엔 구경거리도 많고, 좋은 학교도 많고, 돈벌이도 잘 되잖아."

민현이의 대답은 노마가 잘 이해할 수 없는 말들뿐이었다.

기차를 타고 오면서 보았던 그림같이 멋진 풍경과 맑은 공기, 시원한 물, 푸르고 넓은 들, 발가벗고 물장구치며 고기도 잡을 수 있는 개울이 있는 이곳이 노마에게는 천국과도 같은 곳이기 때문이다.

'그런데 싫다고 이곳을 떠나는 사람들도 있다니. 더구나 외삼촌은 장가도 못 가고……'

"봄에 이사 간 상진네 집이 우리들 본부야. 빈 집이 몇 채 더 있지만 상진네 집이 제일 깨끗하고 모이기가 편해서 본부로 삼았어."

"빈 집이 몇 채 더 있다니?"

"응. 도시로 이사 가고 여기로 이사 오는 사람이 없으니까 빈 집이 생길 수밖에. 모시래 학교도 마찬가지야. 우리 반만 하더라도 작년까지는 마흔 명쯤 됐는데, 이젠 스무 명 조금 넘어. 모두 다 도시로 빠져나가 버렸어."

"도시는 살기 좋고 시골은 살기 어려워서?"

"그래. 저번에 우리 아버지까지도 못 살겠다며 서울로 올라가든지

해야겠다고 말씀하시더라."

"큰외삼촌까지?"

노마는 자기가 지금까지 시골에 대해 품어 왔던 생각이 잘못된 게 아닌지 생각해 보았다.

'전국이 균형 있는 발전을 할 수 있도록 나라에서 여러 가지 정책을 마련하고 있다고 알고 있었는데……. 그런데 왜 농촌 사람들은 자꾸 도시로 떠나려는 걸까?'

밤이 꽤 깊었는데도 노마는 서울로 전학 갔다는 상진이와 창원이, 그리고 시무룩하던 작은외삼촌의 모습이 떠올라 좀처럼 잠이 오질 않았다.

생각해 봅시다

5학년이 된 노마는 시골 외삼촌댁에 처음으로 혼자 가게 되었습니다. 노마는 혼자 여행을 하면서 사람은 자기 자신과의 깊은 대화를 통해 더욱 자라게 됨을 깨닫게 됩니다. 여러분은 자기와 대화를 나누어 본 경험이 있습니까? 어떤 대화를 나누었었는지 생각해 보세요.

노마가 생각했던 시골은 천국과도 같은 살기 좋은 곳이었습니다. 그러나 농촌 사람들이 점차 고향을 떠난다는 민현이의 말과 노총각이 된 작은외삼촌을 떠올리면서 자신의 생각이 잘못되었을지도 모른다고 생각합니다. 왜 노마와 시골 사람들의 생각에는 차이가 있는 걸까요?

주제: 마음속과 바깥세상

다음의 것들이 있는 곳을 보기에서 찾아 써 넣어 보세요.

보기 : ① 마음속 ② 바깥세상 ③ 두 곳 모두 ④ 어느 곳도 아님

❶ 가난 (   )   ❷ 생각 (   )
❸ 소리 (   )   ❹ 말 (   )
❺ 빛 (   )   ❻ 사랑 (   )
❼ 귀신 (   )   ❽ 행복 (   )

밥 나르기

달력을 보니, 벌써 토요일이었다. 선영이는 집안일을 돕느라 날마다 들로 돌아다녔는데, 그러면서 일주일이 또 후딱 가 버린 것이다.

'에이, 방학이면 뭐 해. 매일 이렇게 일만 하느니 차라리 학교 다니는 게 훨씬 편하겠다.'

선영이는 속으로 투덜대면서 내일 일요일에는 텔레비전이나 실컷 봐야겠다고 마음먹었다.

'흠, 엄마가 아무리 부탁해도 들어주지 않을 거야. 나도 일요일엔 쉴 거라고.'

선영이는 아무도 없는 집 안에서 혼자 큰 소리로 외쳤다.

활짝 열려 있는 대문 너머로 시원하게 들어오는 짙푸른 앞산과 파란 하늘을 멍하니 바라보고 있을 때, 안방에 있는 괘종시계가 '땡, 땡……' 하며 울리기 시작했다. 괘종시계는 열 번을 그렇게 땡땡거리더니 멈췄다.

시계 소리가 멎자, 선영이는 마치 불에라도 덴 듯이 벌떡 일어섰다. 빨리 밥을 지어서 고추 밭에 계시는 아버지와 어머니께 갖다 드려야 하기 때문이었다. 아침 일찍 나가신 부모님은 벌써 시장기를 느끼실 게 틀림없었다.

"자, 뭐부터 시작한다?"

선영이는 재빨리 부엌으로 들어가 먼저 쌀을 씻어 놓은 뒤, 소쿠리에 담겨 있는 늙은 오이 몇 개를 씻었다. 누런 색깔의 커다란 오이가 손바닥에 닿자 아버지의 수염 난 턱처럼 껄끄러웠다. 선영이는 오이 껍질을 벗긴 다음 얇게 채를 썰어 소금에 절여 놓고, 밥을 앉히고 나서 된장찌개를 끓였다.

그런 다음 함지박에 밥과 반찬을 옹기종기 담아 베 보자기로 덮은 뒤, 머리에 이고 물 주전자를 들고 집을 나섰다.

고추 밭으로 가려면 차들이 지나는 한길을 따라 한참을 걸어야 하는데, 선영이에게는 그것이 더없는 고역이었다. 자동차를 타고 지나가는 사람들이 머리에 무거운 짐을 인 자신을 창 너머로 흘끗 쳐다보고 갈 때면 갑자기 얼굴이 붉어지곤 했다.

그럴 때면 공연히 창피한 생각이 들고, 머리 위에 인 함지박이 더욱 무겁게 느껴졌다. 또 차가 지날 때마다 포장되지 않은 도로에서 뽀얀 흙먼지가 일어나 땀이 밴 몸에 차곡차곡 달라붙었다.

그래서 선영이는 밥을 내갈 때마다 속으로 다짐하곤 했다.

'다시는 밥을 내가지 않을 거야. 엄마 아빠가 집에 와서 잡수시면

되잖아!'
 선영이는 한길을 지나 밭 위에 있는 조그만 소나무 숲으로 들어가 서야 숨을 크게 들이쉴 수 있었다.

"엄마, 아빠! 진지 잡수세요!"

선영이가 입에 손을 갖다 대고 크게 외치자, 쭈그리고 앉아 고추를 따고 계시던 어머니께서 뒤를 돌아보셨다. 그렇지만 이내 고개를 돌리고는 하시던 일을 계속하셨다.

조금 뒤, 산그늘 아래에 보자기를 깔아 그 위에 밥과 반찬을 늘어 놓고 앉아 있는 선영이 옆으로 아버지와 어머니께서 오셨다.

"어이구, 웬 반찬이 이렇게 많냐!"

아버지께서 대견하다는 듯이 말씀하시자, 약간 우쭐해진 선영이는 이렇게 대답했다.

"뭘요, 엄마가 다 준비해 놓고 가셨던데요. 전 오이생채랑 찌개만 했어요."

"선영아, 너도 같이 먹지 그러냐?"

어머니께서 숟가락을 쥐어 주시며 말씀하셨다. 세 식구는 맛있게 들밥을 먹고 잠시 쉬었다.

그러고 나서 선영이가 불쑥 말을 꺼냈다.

"엄마, 저 밥 내오기 싫어요. 차라리 밭에 와서 고추를 따겠어요."

"왜 그러니? 이제까지 잘해 오고선. 너는 잘하다가 가끔씩 딴청을 부려서 탈이야."

어머니께서 혀를 끌끌 차시며 말씀하셨다. 그러자 담배를 한 대 피우고 계시던 아버지께서 말씀하셨다.

"얘, 선영아. 무슨 이유지 들어나 보자."

"솔직하게 말씀드릴게요. 함지박을 머리에 이고 차들이 지나가는 길을 걸어오는 게 창피해요. 차들이 지나갈 때 먼지가 이는 것도 싫지만, 차 안의 사람들이 창밖으로 절 쳐다볼 때면 산 속으로 확 숨어 버리고 싶어요."

선영이가 무언가에 쫓기듯이 빠르게 말을 끝내자 아버지, 어머니께서는 한참 동안이나 아무 말씀이 없으셨다.

"어릴 때는 그럴 법도 하지."

아버지께선 혼잣말로 낮게 중얼거리셨다. 잠시 후 어머니께서 뭔가 깊이 생각하시는 듯한 표정을 지으시며 말씀하셨다.

"선영아, 넌 그럼 차를 타고 지나가는 사람들이 함지박을 이고 가는 너를 보고 어떤 생각을 할 것 같니?"

어머니의 물음에 선영이는 선뜻 대답이 나오지 않았다. 초라한 함지박을 이고 가는 촌뜨기 계집아이라고 생각하는 사람도 있겠지만, 힘껏 부모님의 일을 도우며 열심히 살아가는 의젓한 어린아이라고 생각한 사람들도 많지 않았을까 하는 생각이 들었기 때문이었다.

"물론 기특하다고 생각하는 사람들도 있었겠죠. 그렇지만 잘 차려입고 차 안에 편안히 앉아 있는 사람들이 제 초라한 모습을 쳐다본다는 건 기분 나쁜 일이에요."

"너 요전번 일기에 '사람은 겉모양보다는 속마음이 아름다워야 한다. 나도 속마음이 아름다운 사람이 되고 싶다.'라고 썼더라. 엄마는 그걸 보고 우리 선영이가 이젠 제법 철이 들었나 보다 하고 생각했었지. 그런데 오늘 보니 순전히 말뿐, 속은 텅 빈 껍질이었구나."

어머니께서는 실망했다는 표정으로 말씀하셨다.

"네, 엄마. 저도 물론 마음이 아름다운 사람이 되기를 바라고 있어요. 그렇지만 실제로 해 보면 그게 잘 안 되는걸요. 아무렇지 않게 밥을 이고 집에서 나왔다가도 한길에서 차 한 대만 마주치면 그때

부턴 창피해서 어쩔 줄을 모르겠어요."

선영이도 안타깝다는 듯이 말했다.

"그렇지만 우리 식구들은 누구보다도 열심히 일해서 곡식을 탐스럽게 가꾸고 있잖니? 우리가 가꾼 곡식을 먹고 또 많은 사람들이 열심히 활동할 수 있지 않니. 그렇기 때문에 아빠는 농사짓는 일이 가장 훌륭한 일이라고 생각한단다. 그리고 너는 그런 농사일을 돕고 있는데, 굳이 그렇게 주눅 들어 다닐 필요가 있니? 힘내라, 힘내!"

아버지, 어머니와 함께 고추를 따다가 저녁 어스름에 부모님과 함께 한길을 걸어 나오는 선영이의 어깨엔 자신감이 넘치고 있었다.

한길 저편 언덕에 있는 밭에서는 영배가 아버지와 함께 열심히 일하고 있는 모습이 노을에 실려 오고 있었다.

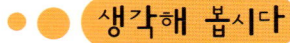 생각해 봅시다

여러분 또래의 농촌 아이들은 집안일을 돕기 위해서 많은 일들을 한다고 합니다. 농촌의 아이들이 어떤 일을 하는지 알아보세요.
그리고 선영이의 아버지께서 농사짓는 일이 가장 훌륭한 일이라고 생각하시는 이유를 찾아보고, 여러분이 선영이의 입장이 된다면 어떤 생각을 했겠는지 부모님과 함께 이야기해 보세요.

주제: 분류

다음의 것들이 생겨 나온 원천을 보기에서 골라 분류해 보세요.

보기 : ① 인간이 만듦 ② 동물이 만듦 ③ 자연이 만듦 ④ 아무도 아님

① 달걀 (　　)　　② 거짓말 (　　)
③ 발톱 (　　)　　④ 호수 (　　)
⑤ 사랑 (　　)　　⑥ 배추 (　　)
⑦ 사람 (　　)　　⑧ 불행 (　　)

함께 철학하기

편지

'나리에게.'

노마는 이렇게 한 마디 써 놓고는 무슨 얘기를 적을까 한참이나 망설였다. 노마는 문방구 아주머니가 핀잔을 줄 정도로 고심해서 고른 편지지와 씨름 중이었다.

나리가 여름 방학 동안 시골 할아버지 댁에 가 있기로 했기 때문에 노마는 오랫동안 나리를 만나지 못했다. 나리가 적어 준 주소로 편지를 보내겠다고 마음먹은 것은 꽤 오래 전 일이었지만, 이제야 연필을 든 것이다.

"뭘 쓰지? 특별히 신나는 일도 없었는데……."

혼자 중얼거리던 노마는 갑자기 무릎을 '탁' 치더니 편지지 쪽에 머리를 박고 열심히 연필을 굴려 나갔다.

보고 싶다. 시골에서의 생활은 재미있니? 아픈 데는 없고? 너희 할아버지, 할머니, 삼촌, 그리고 네가 귀엽다고 했던 송아지, 강아지 모두 잘 있겠지? 나는 잘 있단다. 며칠 있으면 아빠 휴가가 시작되기 때문에 그날만 기다리면서 말이야. 그런데 요즘 내게는 아주 피곤한 일이 생겼어. 며칠 전 일이었어. 엄마가 밖에 놀러 나갔다 온 나를 부르더니 이렇게 말씀하셨어.

"얘, 노마야. 엄마가 너한테 부탁할 일이 있어. 네가 방학인 틈을 이용해서 조그만 일을 하나 시작하기로 했단다. 하루에 세 시간쯤 엄마 친구의 가게를 봐 주는 일이야. 그동안 네가 집을 좀 봐 줄 수 있겠니?"

엄마는 무척 미안하다면서 그렇게 부탁하셨어. 그리고 이번 경험을 살려 엄마도 언젠가는 조그만 가게 하나를 차리고 싶다고 하셨지. 또 엎친 데 덮친 격으로 근처에 사시는 작은엄마가 탈춤을 배운다며 사촌 동생 노을이를 봐 달라고 하셨지 뭐야. 그것도 일주일에 두 번씩이나.

집을 보는 건 그다지 힘들지는 않지만 귀찮은 일이었어. 가끔 친구들이 놀러 오긴 하지만, 하루에 몇 시간을 꼬박 집에서 보내자니 여간 심심한 게 아니었어. 더욱이 노을이를 돌보는 날과 겹치면 노을이가 어질러 놓은 방이나 마루를 청소하고, 더러워진 옷도 갈아입혀야 했기 때문에 무척 힘이 들었어.

나는 마땅히 해야 할 일을 팽개쳐 놓고 밖으로 나간 엄마와 작은엄마가 너무 무책임하다고 생각했어. 하지만 이미 약속한 일을 못하겠다고 할 수도 없어서 억지로 집을 보고 있어.

나리야, 넌 어떻게 생각하니? 우리 엄마와 작은엄마가 새로운 뭔가를 찾아보겠다고 하는 건 말릴 수 없지만, 나와 노을이의 꼴은 뭐니? 배가 고파도 항상 직접 밥을 찾아 먹어야 하고, 작은엄마가 보고 싶다고 노을이가 떼를 써도 지쳐서 그만 울 때까지 내버려두어야 하니…….

노마가 그렇게 편지를 보낸 며칠 뒤였다. 나리에게서 답장이 왔다. 문방구가 없어서인지 어른들이 흔히 쓰는 하얀 편지봉투에 적은 낯익은 글씨가 반가웠다.

노마에게.

보내 준 편지 잘 받았어. 나와 이곳 식구들은 모두 잘 지내고 있어. 시골은 늘 바쁜 곳이어서 아침부터 저녁까지 눈 코 뜰 새가 없지만 말이야. 너도 잘 있겠지? 그리고 너희 집 식구들도 모두 안녕하시니?

노마야, 네 편지를 읽고 내가 무슨 생각을 했는지 아니? 결론은 넌 아직도 좀 더 커야겠다는 거야.

넌 너희 어머니와 작은어머니가 시간을 쪼개 조그만 활동이라도 해 보려고 노력하시는 걸 가지고 마땅히 해야 할 일도 하지 않는 무책임한 행동이라고 했지?

그렇지만 네가 이곳 농촌에 와 본다면 그런 말이 쏙 들어갈 거야. 여기에는 남자, 여자, 어린이의 일이 따로 없어. 바쁠 때는 모두 밖에 나가 일해야 하고, 엄마가 일 나가시면 아이들이 밥도 짓고, 빨래도 해야 해. 남자라고 해서 여자가 밥 차려 줄 때만 기다렸다간 하루 종일 굶어야 하는 일이 자주 일어날 거야. 우리 할아버지 댁 옆집의 아저씨도 점심 정도는 혼자 찾아 드시곤 하셔.

그런데 노마 넌 지금 엄마가 마땅히 할 일이 어쩌고저쩌고 할 수 있는 거니? 노마, 네 뒤치다꺼리를 위해서 엄마는 자기 일을 전혀 가져 보지도 못하고 네 옆에만 붙어 있어야 한다는 거야? 넌 학교에선 철이 든 것처럼 곧잘 말하면서 어떻게 그럴 수가 있는 거니?

오랜만에 쓰는 편지에 이렇게 화만 내서 미안해. 이곳의 참외와 수박은 정말 맛있는데, 갖다 주지 못하는 게 안타까울 뿐이야. 밭에서 따다가 금방 쪄 낸 옥수수도…….

며칠 뒤면 집에 돌아가게 될 거야. 그럼, 그때 보기로 하고, 안녕!

노마는 나리의 편지를 읽고 나서,
"아유, 이걸……."
하면서 허공에다 꿀밤을 먹였다.
"나리 네가 내 처지가 한번 돼 봐라. 그렇게 당연하기만 하겠나!"
노마는 혼자 중얼거리며 입술을 삐죽거렸다. 그렇지만 그 동안의 어머니 모습을 생각해 보면 어머니 자신을 위한 시간을 너무도 갖지 못했다는 생각이 들었다.
아침에 일어나서 아버지 출근 준비와 노마의 등교 준비를 돕고, 설거지하고, 집안 청소하고, 빨래하다 보면 하루 해가 다 지나는 것이

다. 그래서 어머니께서는 가끔,

"오늘도 하루가 그냥 이렇게 가 버렸구나."

하고 안타까워하셨던 것이다.

마침 과일 봉지를 들고 어머니께서 들어오셨다.

"엄마, 죄송해요. 요즘 엄마가 밖에 나가신다고 제가 너무 심술을 부렸었죠?"

노마가 어머니를 붙들고 이렇게 얘기하자, 어머니께서는 약간 놀란 듯한 표정으로 노마를 바라보셨다.

"노마가 그렇게 말해 주니 고맙구나."

노마는 오랜만에 어머니와 많은 이야기를 나누었다. 그러고 나서 저녁 때 나리에게 다시 답장을 쓰기 시작했다.

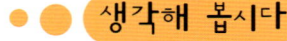

생각해 봅시다

나리가 노마에게 쓴 편지에서 화를 낸 이유는 무엇일까요? 그 이유를 찾아보고 나리의 말에 대해서 어떻게 생각하는지 주변 사람들과 토론해 보세요. 그리고 저녁 때 노마가 나리에게 다시 답장을 쓰듯이 여러분이 노마라면 나리에게 어떻게 답장을 쓸 것인가를 생각해 보고 직접 편지를 써 보세요.

함께 철학하기

주제: 하루의 일과

다음을 읽고 여러분에게 해당되는 것을 보기에서 골라 써 넣어 보세요.

보기 : ① 일정하다   ② 일정하지 않다   ③ 모르겠다

❶ 매일 먹는 음식의 양 (   )   ❷ 매일 잠자는 시간 (   )
❸ 매일 마시는 물의 양 (   )   ❹ 매일 일어나는 시간 (   )
❺ 도시 인구와 시골 인구 (   ) ❻ 나쁜 마음이 생기는 경우 (   )
❼ 근심, 걱정 (   )   ❽ 하루 계획 (   )

3. 도시의 못난이들

수많은 사람들이 밀집해서 사는 곳이 도시입니다. 그러다 보니 도시 사람들은 서로를 잘 믿지 못하고, 이웃끼리 인사도 없이 문을 잠근 채 사는 경우가 많습니다. 사람을 평가할 때 사람보다 돈이나 지위를 보고 판단하기도 합니다.

이러한 도시 사람들의 삶을 보면, 과연 사람답게 산다는 것이란 무엇인지 생각하지 않을 수 없습니다. 이 책을 읽는 어린이들은 그 문제들을 풀기 위해 참된 지혜가 필요하다는 것을 깨닫게 될 것입니다.

이웃사촌

일요일, 골목에서 떠들썩한 소리가 들려왔다. 숙제를 막 마친 노마는 밖으로 뛰쳐나갔다. 옆집으로 이삿짐이 부산하게 들어가고 있는 중이었다.

노마는 집으로 뛰어들며 어머니께 물었다.

"엄마, 드디어 옆집에 이사 오는데요?"

부엌에서 나오시던 노마 어머니는 행주치마에 손의 물기를 닦으시며 빙그레 웃으셨다.

"그래, 노마가 기다렸나 보지?"

"옆집에 사시던 할머니, 할아버지가 이사 가시고 얼마나 서운했다고요. 참 좋은 분들이셨잖아요."

"좋은 분들이셨지. 엄마도 그 어른들을 참 좋아했었어. 오랫동안 옆집이 빈 집으로 남아 있어서 허전했었는데, 이제 새 이웃을 맞게 되었구나."

어머니께서도 옆집에 새 이웃이 생긴다는 게 좋으신 모양이었다.

"엄마, 그런데 새로 이사 오는 사람들은 어떤 사람들일까요?"

"어떤 사람들이냐고?"

"아유, 엄마도 참……. 나이가 많은가? 적은가? 식구는 몇인가? 내 또래의 친구가 있는가? 뭐, 그런 것들 있잖아요."

"이삿짐을 보니 젊은 사람들 같더구나. 또 유모차가 있는 걸 보니, 아기도 있는 것 같더라."

"와! 우리 엄마 탐정이네. 난 아기를 좋아하는데 앞으로 자주 놀러 갈 수도 있겠죠?"

"글쎄, 아줌마가 허락하시면 뭐 안 될 것도 없겠지."

노마는 새로 이사 오는 이웃에 대해 이런저런 상상을 해 보았다.

그런데 몇 주일이 지나도록 노마는 옆집에 어떤 사람들이 살고 있는지 잘 알 수가 없었다. 은근히 옆집에 한 번 가 보았으면 하는 마음이 있었지만, 옆집의 대문은 언제나 굳게 닫혀 있었다.

"엄마, 엄마는 옆집 아줌마랑 인사라도 나누셨어요?"

노마의 말에 어머니는 고개를 갸웃거리셨다.

"이사 온 지 며칠 안 돼서 골목에서 한 번 만난 적이 있었지. 그래서 먼저 인사를 건넸는데, 그 뒤론 간혹 길에서 만나도 인사를 않더구나. 엄마도 혼자 하기가 멋쩍어서 그냥 지나치곤 했지."

"참 이상해요. 지난번에 사시던 할머니, 할아버지는 대문을 거의 열어 놓고 사셨잖아요. 그런데 이번엔 그 집 대문이 항상 잠겨 있어요."

"그래, 그 어른들은 거의 문을 열어 놓고 사셨지. 그래서 그런지 동네 사람들도 많이 따랐고 어려운 일이 있으면 의논을 하기도 했는데……."

노마는 뭔가 아쉬운 듯한 표정을 지었다.

"전 할머니께서 가꾸시던 화단이 어떻게 됐는지 보고 싶어요. 할머니께서 계셨더라면 지금쯤 토마토를 따서 나눠 주셨을 텐데……."

노마가 꿈꾸는 듯한 얼굴로 얘기하자 어머니께서 빙긋 웃으셨다. 그때 기오가 잔뜩 성난 표정으로 들어왔다. 어머니께서 무슨 일이냐며 물으셨다.

"옆집 아줌마가 다른 데 가서 놀라고 했어요. 아기가 자꾸 깬다고요."

"그렇지, 아기들은 조그만 소리에도 잘 놀란단다. 기오야, 다음부턴 다른 곳에서 놀아라."

기오는 입을 삐쭉 내밀었다.

"어디서 놀아요? 놀이터까지 가려면 얼마나 오래 걸리는데. 그리고 오늘은 별로 떠들지도 않았다고요……."

기오는 화가 덜 풀렸는지 방으로 들어가 버렸다.

"아줌마가 너무한 거 아니에요?"

노마가 묻자, 어머니께서 말씀하셨다.

"엄마도 너희들이 아기였을 때는 그랬단다. 아기를 보살피는 엄마들의 마음은 그렇게 조심스러운 거야."

노마는 아무리 그래도, 아기가 소중한 만큼 꼬마 이웃도 소중하지 않을까 하고 생각했다.

그로부터 며칠 뒤의 일이었다. 밤 열 시가 넘은 시각이었다. 노마는 잠결에 희미하게 벨 소리가 들려오는 것을 느꼈다. 조금 뒤엔 대문 두드리는 소리와 함께 웬 아줌마의 목소리가 들려왔다. 노마가 나가 보니 옆집 아줌마였다.

아줌마는 다급한 목소리로 말씀하셨다.

"엄마, 안 계시니? 엄마 좀 불러 주렴."

그때 어머니께서 놀라서 나오셨다.

"아줌마, 저희 집에 좀 같이 가 주세요. 집에 아기 아빠도 없는데, 멀쩡하던 아기가 갑자기 열이 오르고 울어 대요. 어찌해야 좋을지 모르겠어요."

아줌마의 말을 들은 노마 어머니께서는 빠른 걸음으로 옆집으로 가셨다. 노마도 걱정이 되어 따라갔다. 방에 들어가 보니 아기는 자지러지게 소리를 내며 울고 있었다. 어머니께서는 별로 당황하시지도 않고 이불을 걷어 내며 아기의 옷을 느슨하게 풀어 주셨다. 그런 뒤 물수건으로 아기의 얼굴을 닦아 주셨다.

잠시 후, 아기는 울음을 그치고 고른 숨소리를 되찾았다.

아줌마는 아기가 너무나 쉽게 편안해진 것이 신기한 듯 어머니에게 물어보셨다.

"아주머닌 어떻게 아기에 대해 이렇게 잘 아세요?"

아줌마는 고마우면서도 한편으론 놀랍다는 듯한 표정이었다.

"애 둘 키워 본 경험이지요. 나도 새댁 같은 나이 때는 이웃집 나이 든 아줌마들이 많이 도와주셨어요. 어려울 때 돕고 사는 것이 이웃의 정 아니겠어요?"

아줌마는 어머니의 말씀에 고개를 끄덕이셨다.

언제 울었느냐는 듯이 쌔근쌔근 잠든 아기를 보며 노마가 아줌마한테 물었다.

"여자예요? 남자예요?"

"여자 아이란다."

"어쩐지 예쁘더라."

노마는 다시 조심스러운 목소리로 물었다.

"아줌마, 앞으로 저 놀러 와도 될까요? 전 아기들을 아주 좋아하거든요."

"그러렴."

아줌마는 선뜻 대답해 주셨다. 노마는 속으로 아줌마도 드디어 우리의 이웃사촌이 되었나 보다고 생각하며 기뻐했다. 집으로 돌아오는 길에 노마의 머릿속에는 또 다른 궁금증이 꼬리를 물었다.

'어떻든 새로 이사 온 아줌마네와 친하게 지낼 수 있게 된 것은 참 잘된 일이야. 그런데 다른 사람들은 어떻게 살고 있을까? 지금 서울 사람들은 이웃들과 어떻게 지내고 있지? 서로 문을 열고 어려움과 기쁨을 함께 나누며 사는 것이 이렇게 좋은 일인데, 왜 많은 사람들이 문을 굳게 걸어 잠그고 외롭고 힘들게 살아가려는 걸까? 언제까지……'

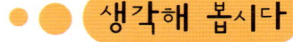
생각해 봅시다

우리나라에는 예로부터 이웃사촌이라는 말이 있습니다. 옆집에 수저가 몇 벌 있는지도 알 정도로 가깝게 지냈으니까요.
'이웃사촌'이라는 말의 참뜻은 무엇일까요?
여러분은 이웃의 소중함을 경험해 보았나요?
요즘 도시 사람들이 이웃 사람들과 어떻게 지내는지 알아보고, 그렇게 된 이유는 무엇인지 생각해 보세요.

주제: 생각 넓히기

다음 보기와 같이 밑줄 친 곳에 적당한 말을 넣어 보세요.

보기 : 유모차가 있는 걸 보니, <u>아기도 있는 것 같다.</u>

① 비가 쏟아지는 걸 보니,
② 아기가 울고 있는 모습을 보니,
③ 유리창이 더러운 걸 보니,
④ 꽃이 시든 걸 보니,
⑤ 책가방이 허전한 걸 보니,

효도 안 하면 어때?

노마는 몸을 날려 뒤따라오는 괴물의 허리를 걷어찼다.

쓰러져서 신음하던 괴물은 도망치고 있는 노마에게로 다시 괴성을 지르며 쫓아왔다. 괴물이 자기의 목덜미를 잡으려는 것 같은 두려움 때문에 노마는 '으악' 하고 소리를 지르며 화들짝 깨어났다.

"후유, 꿈이잖아."

노마는 놀란 표정이 채 가시지 않은 채로 이마 위의 땀을 닦으며 마루로 걸어 나왔다. 노마는 아침 식사를 준비하고 있는 어머니를 향해 잠에서 덜 깬 목소리로 물었다.

"엄마, 지금 몇 시예요?"

"글쎄, 일곱 시쯤 됐을걸."

"벌써요? 엄마, 어떻게 된 거예요? 시험 공부해야 되니 다섯 시에 깨워 달라고 했잖아요. 내일모레가 시험인데……."

노마는 툴툴거리며, 대충 세수를 하고 책가방을 들고 현관을 나섰다.

"얘, 밥 먹고 가렴. 도시락도 안 넣었잖아."

"몰라요. 늦었단 말예요."

"얘가 오늘 왜 이러지? 우유라도 마시고 가렴!"

어머니께서 황급히 도시락과 우유 한 잔을 들고 따라 나오시자, 노마는 도시락만 가방 속에 넣고 우유는 쳐다보지도 않은 채 쏜살같이 골목으로 내달았다.

시작종이 울리자, 선생님께서 드르륵 교실 문을 열고 들어오셨다. 공부를 조금 하다가 선생님은 나직하고 뚜렷한 목소리로 말씀하셨다.

"너희들 졸린 모양이구나. 오늘 공부하기로 했던 만큼은 다 했으니, 지금부턴 '효도 안 하면 어때?' 라는 주제로 토론해 보도록 하자. 너희들의 의견을 자유롭고 활발하게 교환하기 바란다."

선생님께서는 여기저기 손을 든 아이들을 둘러보시다가, 손을 접었다 폈다 하면서 엉덩이를 들썩거리고 있는 영무를 시키셨다.

"저희 집은 찬밥이 남으면 으레 어머니께서 잡수십니다. 제가 먹겠다고 우겨도 어머니는 막무가내이십니다. 그러다가 속이 아프셔서 쩔쩔매는 어머니를 보면 제 가슴은 칼로 쑤시듯이 아픕니다. 그래서 저는 '효도 안 하면 안 돼!' 라고 말하고 싶습니다."

"저도 영무처럼 엄마를 사랑해요. 그래서 엄마와 오래오래 같이 살고 싶습니다. 그런데 늘 꾸짖기만 하시는 아버지한테는 아무런 정도 못 느낍니다. 제가 아버지를 모시지 않겠다는 건 아니지만, 서로 마음이 통하지 않는데 어떻게 마음에서 우러나오는 효도를 할 수 있겠어요?"

미숙이의 말에 도연이가 쏘아붙였다.

"마음이 안 통하는 게 아버지 책임인 것처럼만 얘기하는데, 제 생각에는 미숙이한테도 책임이 있는 것 같습니다. 아버지께서 겉으로는 모질게 하시지만, 그것은 자식이 잘 되기를 바라는 마음에서일 겁니다. 그런데 그런 것을 오해해 아버지를 미워한다는 것은 옳지 못합니다."

그러자 우정이가 눈빛을 반짝이며 말했다.

"저도 도연이와 의견이 같습니다. 전 어렸을 적에 〈심청전〉을 읽고 심청이가 굉장한 효녀라고 생각했었거든요. 그런데 얼마 전에 심청이는 진정한 효도가 무엇인지 잘 몰랐을지도 모른다는 생각을 해 보았습니다. 물론 심청이는 아버지의 눈을 뜨게 하기 위해 자신의 몸을 팔았어요. 하지만 그것은 아버지 육체의 눈만을 보고, 마음의 눈은 생각하지 못한 행동일 수도 있습니다. 저는 부모님이 진정으로 바라는 걸 알고 행동하는 게 진정한 효도라고 생각합니다."

"그럼, 부모님께서 바라시지 않는 일을 한 건 다 불효일까요? 저는 옛날 독립 운동을 하시던 분들이 효자였을까, 불효자였을까를 생각해 봤습니다. 그분들은 부모님 속을 꽤나 태워 드렸을 테니까 어떤 의미에선 불효자라고 할 수 있을지도 몰라요. 그렇지만 그 당시 가장 올바르게 사는 길은 겨레와 나라를 구하기 위해 싸우는 일이었습니다. 겉으론 불효처럼 보일지 모르지만, 겨레를 위해 살아가는 것이 제일 큰 효도일 거라고 생각합니다."

"저도 부모님께 효도하는 길이 부모님을 곁에서 잘 보살펴 드리는 데만 있다고 생각하진 않습니다. 우리가 열심히 또 올바르게 살아가려고 노력할 때, 그것이 곧 효도가 되는 거라고 생각합니다. 부모님을 보살펴 드려야 한다는 이유로 이웃이나 친구, 나아가 겨레와 조국을 외면한다면 그것이 어떻게 '효'라고 할 수 있겠어요?"

기태가 힘주어 말하자 민선이가 고개를 갸웃하며 말했다.

"저는 기태의 말에도 일리는 있지만 나를 낳아 주신 부모님이 겨레보다 덜 소중하다고 못박을 수는 없다고 생각합니다. 제 생각에는 부모냐, 나라 일이냐의 문제는 깊이 생각을 하고 나서 올바른 판단을 내린 다음 후회 없이 행동해야 할 것 같습니다."

민선이가 자리에 앉자, 선생님께서 빙그레 웃으시며 말씀하셨다.

"너희들 얘기 모두 잘 들었다. 내가 효도를 주제로 토론해 보자고 한 것은 어제 신문에서 충격적인 사건을 봤기 때문이다. 스무 살먹은 아들이 늙은 부모를 살해했다더구나. 그런 충격적인 사건이 아니더라도 요즈음 부모에게 소홀히 하는 경향이 많다는 것을 느끼게 된다. 그런데 너희들은 아직 부모님의 보호 아래 있어서 그런지 '효를 안 할 수도 있다.'는 생각은 해 보지 않은 것 같구나. 그런 마음을 어른이 된 뒤에도 늘 간직하기 바란다."

토론이 계속되는 동안 노마는 한 마디 말도 못 했다. 오늘 아침만 해도 공연히 짜증을 내어 어머니의 마음을 괴롭게 했기 때문이다. 지난번에 열심히 공부해서 성적이 훨씬 좋아졌는데도 어머니께서는 여전히 시험 좀 잘 보라고 야단이셨다. 그래서 노마가 짜증을 부렸더니, 요즘에는 그러다가 잘못될까 싶어 걱정이신지 꾸중 한 마디 안 하시면서 노마의 눈치를 보시는 것 같았다.

'어떻게 하면 엄마와 좀 더 행복하게 지낼 수 있을까? 지난번 섭섭했던 얘기를 털어놓고, 내가 잘못했던 것이 있다면 솔직하게 말씀해 보시라고 하면 될까?'

방과 후 노마는 재빨리 집으로 돌아왔다. 어머니께서는 저녁 식사를 준비하고 계셨다.

"엄마, 제가 뭐 도울 일 없어요?"

"노마가 웬일이니? 물도 떠다 달라고 하는 애가."

어머니께서 웃으시며 말씀하셨다. 노마는 어머니께서 정성껏 무친 나물을 맛보면서, 오늘 있었던 일을 얘기하기 시작했다.

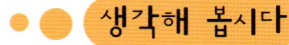 생각해 봅시다

노마는 어머니한테 아침 일찍 깨워 주지 않았다고 짜증을 냈습니다. 여러분도 어머니나 아버지한테 짜증을 낸 적이 있습니까?
그때 부모님께서는 어떻게 하셨습니까? 또 여러분이 이다음에 부모가 되었을 때는 그런 자식에게 어떻게 대해 주겠습니까?
진정한 효란 무엇일까 생각해 보고 부모님과 함께 이야기해 보세요.

주제: 진짜 훌륭한 일

다음과 같은 의견들에 대하여 생각해 보세요. 찬성할 경우에는 찬성하는 표시(○)와 그 이유를, 반대할 경우에는 반대하는 표시(×)와 그 이유를 말해 보세요.

함께 철학하기

1. 김정호는 가족을 돌보지도 않고 지도를 만드는 일에만 열중하여 마침내 대동여지도를 만들어 냈다. 훌륭한 일을 해내기 위해서는 가족을 돌보지 않아도 된다. (   )

   이유:

2. 계백 장군은 마지막 싸움에 나갈 때 가족을 모두 죽이고 전쟁터로 나갔다. 이는 본받을 만한 장군의 애국심이다. (   )

   이유:

이치와 모순

노마 어머니께서 고모 댁에 가셨기 때문에 노마는 집을 보면서 숙제를 했다. 숙제를 막 끝냈을 때 아버지로부터 전화가 왔다.
"노마야, 숙제 다 했니?"
"네, 지금 막 끝냈어요."
"허허, 노마가 부지런해졌구나. 그럼 지금 길 건너편 빵집으로 나오렴. 엄마도 그리 오기로 하셨단다."
"와! 신난다. 그런데 오늘은 웬일이세요?"
노마는 전화기를 내려놓자마자 부리나케 빵집으로 달려갔다. 아버지께서는 빵을 시켜 놓고 웃으시면서 아주 낮게 말씀하셨다.
"사람은 기백이 있어야 해."
아버지의 난데없는 말씀에 노마는 어리둥절해했다.
"그게 무슨 말씀이세요?"

그러나 아버지께서는 싱긋 웃기만 하셨다. 노마는 포크로 빵을 집으며 말을 이었다.

"왜요, 아버지? 저는 차분한 게 좋던데요."

"오늘 회사에서 박태양이라는 어릴 적 친구를 만났단다. 그런데 그 친구는 학교 다닐 때 제일 말썽꾸러기였던 친구였어."

노마는 아버지의 친구 분이 말썽꾸러기였다는 말이 무척 재미있었다.

"공부를 잘하지 못하셨나요?"

"그래, 공부도 잘 못했지. 그러나 공부를 못한다는 이유로 절대 기백을 잃거나 하지는 않았었거든. 그때 담임 선생님도 그 친구의 그런 점이 기특하다고 자주 칭찬하시곤 했지."

"그 친구 분은 지금 무슨 일을 하시는데요?"

"지금 그 얘기를 하려던 참이다. 그 친구가 바로 우리 회사를 운영하는 책임자로 오지 않았겠니?"

"그럼 박태양이라는 분이 아빠보다 높은 자리에 있다는 말씀이세요?"

"그래, 그렇게 됐다. 어릴 적엔 아버지가 반장을 했었는데 말이다."

"그래요?"

노마는 한참을 생각하다가 말을 이었다.

"그럼, 아빠는 뭘 잘못하셨길래 높은 자리에 못 올라가셨어요?"

아버지께서는 노마의 물음에 답하시지는 않고 시계를 내려다보셨다.

"아, 참. 너희 엄마는 왜 이렇게 늦는지 모르겠구나."

"아빠! 제 질문엔 대답을 안 하시고 왜 딴 말씀을 하세요?"
"음, 음, 그건 말이지, 그건 말이다. 에……."
그때, 엄마가 들어오셨다.
"아니, 왜 노마한테 그렇게 쩔쩔매고 계세요?"
아버지의 당혹스런 표정을 읽으신 어머니께서 말씀하셨다.
"엄마, 아빠 친구가 오늘 아빠 회사의 제일 높은 분으로 오셨대요. 그런데 그분은 학교 다닐 때, 아빠보다 공부를 못했대요."
"원 참, 애도. 그게 뭐 어떻다고 그러니?"
어머니께서는 노마한테 한마디 하시고는 말을 이으셨다.

"노마야, 네 아빠가 뭘 잘못해서 그분보다 낮은 자리에 있는 게 아니란다. 오히려 아빠는 학교 다닐 때부터 줄곧 열심히 노력해서 오늘에 이르렀단다."

"그렇지만 그분은 회사의 책임자가 되셨잖아요?"

어머니께서도 빵을 한 입 베어 무셨다.

"사람마다 사는 길이 다르단다. 아빠는 아빠의 길을 열심히 걸어왔고, 그분도 그분 나름대로의 길을 최선을 다해 걸어온 것이란다."

"그럼 공부는 잘할 필요가 없겠네요? 그냥 열심히 살면 되니까요."

"아니지. 열심히 산다는 것과 공부를 열심히 잘하는 것이 서로 다른 것은 아니란다. 다만 학교 성적은 학교에서의 평가일 뿐 달라질 수도 있다는 것이지."

"그렇다면……."

노마는 미심쩍은 것이 있었지만, 어떻게 말해야 할지를 몰라서 그만두었다.

이윽고 아버지께서 말씀하셨다.

"옛날 사람들은 이 세상이 이치로 되어 있다고도 했고, 모순투성이로 되어 있다고도 했어."

"이치와 모순이라고요? 이 세상은 돌, 나무, 콘크리트 등으로 되어 있잖아요."

"그래. 그런 것들로 되어 있다고도 볼 수 있지. 그러나 그것들은 일정한 법칙에 따라 존재하고 있는 거야. 예를 들면 돌은 아래로 구르고, 나무는 물이 있어야 살고, 콘크리트는 굳으면 딱딱해진다는 것 등이지."

"아빠, 세상은 그런 법칙에 따라 존재하는 것 같아요. 그런데 이 세상이 모순으로 되어 있다는 건 또 무슨 뜻이에요?"

"음, 이런 것 생각해 봤니? 도깨비 같은 것 말이다."

"아! 귀신 말예요?"

노마는 우유를 한 모금 들이켰다.

"그렇단다. 도깨비나 귀신의 장난처럼 알 수 없는 일들이 많다는 거지."

"하지만 그런 것들은 이 세상에 없는 것 아니에요? 과학적으로 증명되지도 않은 거라던데요."

"그럼 너는 그런 것들이 무섭지 않니? 아버진 어른인데도 밤에 공동묘지 옆을 지나면 등골이 오싹하던데."

"저도 무서워요. 지난 여름 캠프에 가서 담력 훈련을 했는데 숲 속에 도깨비가 있다고 해서 벌벌 떨었던 기억이 나요."

"그럼 노마도 겁쟁이로구나. 이치로 설명되지 않는 것을 무서워하니까 말이야."

"아니에요! 저번에는 저보다 몸집이 크고 싸움도 잘한다고 저를 괴롭히는 태환이를 당당히 이겼는걸요……."

노마는 얼굴을 붉히면서 목에 힘을 주어 이야기했다.

"그래? 네가 질 게 뻔한데 어떻게 이겼니?"

"제가 먼저 팔을 걷어 붙이고 쉬는 시간에 모래판으로 나오라고 했지요. 그것도 큰 소리로 말이에요."

"그래서 모래판에서 싸웠니?"

"아뇨. 제가 먼저 모래판에 가 있는데 그 친구가 안 나왔어요. 공부 시간이 돼서 교실로 들어갔더니 우리 반 아이들이 제가 이긴 거래요. 그 뒤로 태환이는 저만 보면 슬슬 피해요."

노마는 어깨를 으쓱해 보였다.

"아하. 그러니까 너는 이치로 따져 보면 이길 수 없는데 당당한 기백으로 이겼다는 거구나."

"그런 셈이죠. 그렇다면 아빠가 이 세상은 모순으로 되어 있다고 한 것이 바로 그런 걸 뜻하는 거예요?"

"꼭 그렇지는 않지만 이 세상엔 그렇게 이치로만 설명하기 어려운 것들도 많이 있어."

"그러고 보니까 이치로 따지자면 아닌데, 옆집 경아가 왜 예뻐 보이는지 잘 모르겠네요."

"원, 녀석도!"

"그런데 아빠, 아까 그 박태양이라는 분과 아빠를 이치와 모순으로 바꾸어 설명해 주고 싶으신 거죠? 아빠는 이치에 해당하고 그분은 모순에 해당한다고 말이에요."

"그런 건 아니란다. 내가 말하고 싶었던 건 사람이 사는 세상일들이 자연의 법칙이나 수학의 공식처럼 돌아가는 건 아니라는 것이다. 그러나 무엇보다도 내가 정말 말해 주고 싶었던 것은 자기 나름대로 열심히 노력하며 살아가는 것이 가장 중요하다는 것이란다."

아버지와 이야기를 나누고 돌아오면서 노마의 머릿속에는 다음과 같은 의문이 떠올랐다.

'돈이나 지위를 가지고 어떤 사람이 훌륭한지 아닌지를 판단할 수는 없어. 문제는 하루하루를 얼마나 열심히 살아왔느냐에 달려 있겠지. 그러나 조금 전까지의 나와 많은 세상 사람들은 돈이나 지위를 가지고 사람을 저울질하고 있는 것도 사실이야. 이것은 이치를 몰라서일까? 모순을 몰라서일까?'

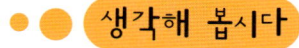 생각해 봅시다

노마의 아버지와 노마는 살아가는 것의 이치와 모순에 대해서 대화를 나누었습니다. 그리고 아버지와 이야기를 나눈 노마는 의문을 갖게 됩니다. 그 의문에 대한 답을 생각해 보고 여러분이 노마의 아버지라면 노마에게 무엇이라고 말해 줄지 서로 이야기해 보세요.
또 여러분 주위에서 이치에 맞다고 생각하는 일과 모순된다고 생각하는 일을 찾아보세요. 그리고 그렇게 생각되는 이유에 대해서도 서로 말해 보세요.

주제: 이어서 생각하기

다음 보기와 같이 밑줄 친 곳에 적당한 말을 넣어 보세요.

보기 : 오늘 저녁에 눈이 온다면, <u>길이 몹시 미끄러울 것이 것이다.</u>

① 네가 나를 때린다면, _____
② 나무에 물을 주면, _____
③ 바닷물이 사이다라면, _____
④ 학교가 없다면, _____
⑤ 일요일 다음에 화요일이 온다면, _____
⑥ 날마다 일요일이라면, _____

못난 창민이

 선생님께서 재미있는 숙제를 내 주셨다. 어머니가 하시는 일에 대해서 조사해 오는 숙제였다.
 선생님께서는 모두에게 발표할 기회를 주겠다고 하시면서, 어머니께서 집에서 살림만 하시든지, 밖에 나가서 다른 일도 하시든지 간에 솔직하게 써 오라고 하셨다. 또, 잘 모를 때는 어머니와 의논해서 써도 좋다고 하셨다. 그리고 이렇게 덧붙이셨다.
 "내가 늘 말했듯이 어머니가 어떤 일을 하시든 간에 뽐내거나 부끄러워할 필요는 없어. 그런 건 바보 같은 아이들이나 하는 행동이야. 사실대로 써 오면 되는 거야."
 숙제 발표를 하는 날 아이들은 제각기 즐거운 표정이었다. 모두들 자기 공책을 몰래 펴 보며 발표 준비를 하고 있었다. 그런데 미라의 짝인 창민이는 시무룩한 표정이었다. 창민이가 옷차림도 단정하지 않고 지각 대장이어서 별로 좋아하지 않던 미라도 기가 죽어 있는 창민이를 보니 안됐다는 생각이 들었다.

"창민아, 왜 그래? 너 어디 아프니?"

"아냐. 숙제를 안 해 와서 그래. 선생님께서 아마 꾸중하실 거야."

숙제를 해 오지 않은 적이 많았던 창민이는, 선생님께서 한 번만 더 숙제를 안 해 오면 혼내 준다고 말씀하신 것 때문에 걱정을 하는 것 같았다. 더구나 선생님께서는 창민이한테 제일 먼저 발표를 하라고 하셨던 것이다.

미라도 은근히 걱정이 되어서 말했다.

"창민아, 지금부터라도 짤막하게 써 봐. 엄마가 하시는 일이야 뻔하지 않니? 아침에 일어나서 밥하고, 청소하고, 빨래하고……."

그렇지만 창민이는 계속 시무룩한 표정으로 말했다.

"나는 엄마가 무슨 일을 하시는지 잘 몰라."

드디어 발표를 하기로 한 시간이 되었다. 선생님께서 아이들을 훑어보시면서 물으셨다.

"숙제는 모두들 해 왔겠지?"

"네!"

아이들은 일제히 큰 소리로 대답했다.

"지난번에 창민이가 제일 먼저 발표하기로 했지? 그럼, 창민이 앞으로 나올래?"

선생님께서 창민이를 바라보며 말씀하셨다. 창민이는 얼굴이 빨개진 채로 안절부절이었다.

"창민아, 어서 나와 봐. 부끄러워하지 말고."

선생님께서 다시 한 번 재촉하셨다. 창민이는 이젠 귀까지 빨개져서 안타까운 눈빛으로 선생님을 쳐다보더니 고개를 푹 숙였다. 미라가 작은 소리로 대신 말씀드렸다.

"선생님, 창민이…… 숙제 안 해 왔대요."

"창민아, 저번에 선생님이랑 약속하지 않았니? 다음부턴 숙제를 꼭 해 오겠다고 말이야. 그런데 어떻게 된 일이지?"

선생님의 물음에 창민이가 한참 있다가 기어 들어가는 소리로 대답했다.

"엄마가 매일 늦게 들어오셔서 여쭤 볼 시간이 없었어요. 선생님 죄송해요."

"그럼 네가 아는 대로만이라도 써 오지 그랬니?"

"전 엄마가 무슨 일을 하시는지 잘 몰라요. 어떤 날은 엄마를 못 볼 적도 있는걸요."

"그래? 그럼 창민이는 나중에 숙제해 오도록 하고, 철이부터 번호대로 나와서 발표하도록 하자."

창민이 일로 분위기가 조금 어두워졌지만, 한 사람 한 사람 발표를 해 가자 언제 그런 일이 있었냐는 듯이 교실 안엔 활기가 넘쳐 흘렀다.

대부분의 내용이 어머니께서는 집안 살림을 깨끗하게 하시고, 자기들에게 많은 관심을 보여 준다는 것이었다. 하지만 지나친 관심 때문에 공부하라는 잔소리를 자주 해서 싫다는 얘기도 많이 나왔다. 현수는 '우리 엄마는 잔소리 빼면 허수아비'라고 말해서 아이들을 웃겼다.

그렇지만 직장에 나가시거나 시장에서 장사를 하시는 분, 파출부 일을 하시는 분들도 많았다. 그런 어머니를 둔 아이들은 집안 살림도 하고 돈도 벌어야 하는 어머니에게 죄송한 마음이 들어 공부도 더욱 열심히 하고, 집안 일도 잘 도와야겠다는 생각을 한다고 말했다. 그런 아이 중의 하나인 노마는,

"그런데 몸이 생각을 따라 주지 않으니 그게 문제지요."

라고 말해서, 또 한 번 교실을 웃음 바다로 만들었다.

학교 수업이 끝나고 집에 돌아가는 시간이었다. 선생님께서 창민이 옆에 오셔서 귓속말로 뭐라고 하시자, 창민이가 고개를 끄덕였다. 창민이는 아이들이 모두 집에 돌아가는데도 가만히 앉아 있었다. 선생님께서 창민이와 얘기하려고 하신다는 걸 안 미라는 나리와 함께 교실을 나섰다.

"미라야, 너 창민이네 집이 어딘지 아니?"

운동장으로 나서면서 나리가 물었다.

"글쎄, 잘은 모르지만……. 저쪽 산 아래 재개발 지구인 것 같더라."

"아, 거기? 나도 한 번 가 봤었는데 집들이 너무 안 좋더라. 널빤지와 천막 같은 걸로 임시로 만든 집이 많던데."

"그래? 창민이도 그런 집에 사는 걸까?"

"그런데 미라야. 넌 창민이가 매일 지각하고 숙제도 잘 안 해 오는 것에 대해 어떻게 생각하니?"

"지각하고 숙제 안 해 오는 건 나쁘지만 순전히 창민이 탓이라고만

할 수는 없을 것 같아. 걔네 아빠는 막노동을 하시고, 엄마도 집에 있는 시간이 적어서 돌봐 줄 사람이 아무도 없으니까 말이야. 오죽하면 엄마가 무슨 일을 하시는지도 모르겠니?"

"그렇지만 완전히 거기에만 책임을 돌릴 수도 없잖아. 자기가 잘하려고 노력한다면 잘할 수도 있을 거 아냐?"

"그래, 어떤 때 창민이를 보면 왜 한 가지라도 좀 더 열심히 해 보려 하지 않을까 하는 생각이 들 때도 있어. 걔는 아무 일에도 흥미를 못 느끼는 애 같으니까. 그렇지만 그것도 어렸을 때부터 그렇게 자라 왔기 때문이라고 생각할 수도 있지 않겠니?"

"그걸 환경 탓으로밖엔 생각할 수 없는 걸까?"

나리와 미라는 결론을 못 내리겠다는 듯 고개를 갸우뚱거리곤 집을 향해 걸어갔다.

생각해 봅시다

여러분의 친구 중에도 창민이처럼 숙제를 안 해 오고, 말썽을 일으키는 친구들이 있을 겁니다. 비슷한 친구들이 있다면, 그 친구가 그런 행동을 하는 까닭은 무엇일까 생각해 봅시다.

창민이처럼 집안 환경이 어려운 경우 창민이의 행동은 환경 탓일까요, 아니면 창민이 자신에게 그 책임이 있을까요?

주제: 착한 일

다음의 내용에 대한 여러분의 생각은 어떤지 보기에서 골라 써 넣어 보세요.

보기 : ① 착하다 ② 나쁘다 ③ 잘 모르겠다

❶ 창민이는 숙제를 잘 하지 않았다. (   )

❷ 동수는 부모님의 말씀에 잘 따르지 않는다. (   )

❸ 민자는 다른 사람이 하는 대로 따라 한다. (   )

❹ 현수는 공부를 잘한다. (   )

❺ 나리는 자신은 물론 다른 사람에게 도움이 되는 일에 항상 앞장선다. (   )

❻ 민정이는 아침저녁으로 이를 닦는다. (   )

마음의 문

"노마야, 같이 가자."

노마가 뒤를 돌아보니 저만치서 준수가 뛰어오고 있었다.

"집에 가는 거지? 나랑 우리 집에 가서 함께 숙제하지 않을래?"

준수가 헐떡거리며 노마에게 물었다.

"그럴까? 하긴 집에 가도 오늘은 아무도 없어. 엄마가 이모 댁에 가신다고 하셨거든."

노마와 준수는 같은 반이긴 하지만 그리 친한 사이는 아니었다. 평소 공부 시간에 질문도 잘하고 똑똑하다는 칭찬을 듣는 노마는, 아이들과 잘 어울리지 않는 준수가 그리 마음에 들지는 않았다. 현수는 좀 특별해 보였다.

서로 할 말이 없었으므로 둘은 길옆의 가게나 나무들에 신경을 쓰는 척하며 말없이 걸었다. 노마는 괜히 어색해서 속으로 중얼거렸다.

'차라리 그냥 집으로 갈걸.'

"애들아, 너희들 앞으로는 학교 끝나면 곧장 집으로 와야 한다."
저녁을 먹으면서 어머니께서 말씀하셨다.
"왜요, 엄마? 무슨 일 있나요?"
노마가 묻자, 동생 기오가 큰일이라도 났냐는 듯 눈을 동그랗게 뜨고 말했다.
"수희 누나가 집 앞에서 강도를 만나 병원에 입원했어."

"뭐라고요?"

노마는 깜짝 놀랐다. 수희 누나는 대학교에 다니는 사촌이었다.

"허어, 그런 일은 신문에서나 볼 수 있는 일인 줄 알았는데. 그래, 얼마나 다쳤대?"

노마 아버지께서도 놀라서 걱정스러운 듯 말씀하셨다.

"병원에 이 주일 정도 있어야 한대요."

어머니께서 말씀하셨다.

"집에 오는 차 속에서도 무서울 것 같아요. 차 안에 탄 사람이 모두 강도로 보이면 어떡해요?"

기오의 말에 아버지께서 말씀하셨다.

"하긴 강도가 '나 강도다!' 하고 써 붙이고 다니는 건 아니니까."

"강도는 밤에 더 많이 나타나니까, 아빠야말로 일찍 다니셔야 해요."

노마의 말에 식구들이 모두 웃음을 터트렸다.

"아무튼 갈수록 사람들이 서로를 못 믿게 돼 가는구나."

씁쓸한 표정을 지으시며 아버지께서 말씀하셨다.

"그럼 옛날엔 서로 믿고 살았나요?"

노마가 물었다.

"글쎄다. 모든 사람이 가족처럼 믿진 못했겠지만, 요즘처럼 각박하지는 않았지. 아빠가 어렸을 때 살던 곳에서는 동네 사람들이 어려운 일은 서로 돕고 기쁜 일은 함께 나누곤 했단다."

"에이, 그건 옛날 시골 얘기잖아요. 요즘은 시골도 그렇지 않다고 하던데요."

기오의 말에 아버지께서 고개를 저으면서 다시 말씀하셨다.

"아빠 말은 시골 인심이 도시보다 좋다는 게 아니라, 요즘 사람들의 마음에 대해서 말한 거야. 지금은 옛날보다 먹을 것도 많고 생활도 편리해졌지만, 옛날보다 인심이 훨씬 사나워졌고 서로를 의심하고 미워하는 마음이 커졌다고 볼 수 있거든. 혹시나 누가 나에게 해를 끼치지나 않을까 해서 저마다 마음의 문을 꼭꼭 닫아 걸고 있다고나 할까?"

"우리 친구들도 서로 자기 것을 빼앗기는 걸 싫어해요. 그래서 저도 제 짝이 조금이라도 제 책상 쪽으로 넘어오면 꿀밤 한 대씩을 먹이는걸요."

기오가 당연하다는 듯 말했다.

"기오야, 친구끼리 그러면 되니? 사이좋게 지내야지."

어머니께서 기오의 등을 쓰다듬으며 말씀하셨다.

"문제는 사람들이 너무 자기 것만 따지는 데 있는 것 같아요. 기오도 자기 자리만을 차지하려다 보니, 한치도 양보하지 않고 싸움만 하게 되잖아요."

"그러다 보니 집에 도둑이 들까 봐 자물쇠도 몇 개씩 걸고, 요즘엔 감시 카메라까지 설치한다잖니? 도둑이 들지 못하도록 막는 건 당연한 일이지만, 일상생활에서까지 다른 사람을 함부로 의심하고 미워하는 건 큰 문제가 아닐 수 없지."

어머니께서도 덧붙이셨다.

"아까 아빠가 사람들이 마음의 문을 꼭꼭 닫아걸었다고 하셨잖아요. 그럼 마음의 문을 열려면 어떻게 해야 하지요?"

기오가 물음을 던지자 아무도 대답이 없었다.

그날 밤, 노마는 저녁을 먹으면서 식구들이 한 얘기와 낮에 준수네 갔던 일을 생각해 보았다.

'난 준수를 나쁜 아이라고 의심하지는 않았지만, 좋게 생각하지도 않았어. 준수가 나에게 나쁜 일을 한 적도 없었는데……. 준수에 대해 좋지 못한 감정을 가졌던 건 내가 먼저 마음의 문을 닫아건 때문은 아니었을까? 그런데 무엇 때문에 나는 곧잘 마음의 문을 걸어 잠그는 걸까? 손해를 볼까 봐? 자존심이 상할까 봐? 아무 이유 없이?'

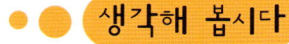

시골 인심이 예전 같지 않다는 말을 자주 듣습니다.
지금은 옛날보다 살기는 좋아졌지만 인심이 사나워지고 서로를 의심하거나 미워하는 마음이 커졌다고 합니다.
왜 요즘 사람들은 마음의 문을 닫게 되었을까 그 이유를 생각해 보세요. 그리고 옛날 우리 조상들에게서 배울 점을 말해 보고, 여러분이 할 수 있는 일들을 생각해 보세요.

함께 철학하기

주제: 옳은 행동

다음과 같은 행동이 옳은지 그른지 써 넣고, 그 이유를 말해 보세요.

1. 그 사람이 한 말을 듣고 그 사람을 평가한다. (   )

   이유:

2. 다른 사람의 잘못을 받아 준다. (   )

   이유:

3. 자기 의견과 맞지 않을 때는 무조건 다른 사람의 의견을 따른다. (   )

   이유:

할인 판매의 속임수

　날씨가 더워지니까 시원하고 산뜻한 여름옷들이 많이 나왔다. 노마네 반에도 새 옷을 입고 학교에 오는 아이들이 자주 눈에 띄었다. 철이는 흰 바탕에 초록 줄무늬가 있는 남방과 하얀색 반바지를, 현수는 노란색 티셔츠와 청색 반바지를 사 입었다.
　노마는 작년에 입던 여름 옷을 그대로 입고 다녔는데, 친구들이 새 옷 입은 것을 보니 자기 옷이 초라해 보이는 것 같았다. 또, 키가 커진 탓에 몸에 맞지 않는 옷들도 많았다. 그래서 입을 옷이 변변치 않았다.
　노마는 어머니께 새 옷을 사 달라고 졸랐다. 어머니께서는 그렇지 않아도 사 주려던 참이었다며, 며칠 있으면 백화점에서 할인 판매를 할 테니 그때까지 기다려 보자고 하셨다.
　며칠이 흐른 뒤였다.

"이 정도면 괜찮겠는데……."

어머니께서 신문 광고란을 유심히 살펴보시더니 말씀하셨다.

"엄마, 저도 좀 보여 주세요."

어머니께서 건네준 신문 광고에는 남성복, 여성복, 아동복 등의 상품 이름과 70퍼센트 할인이라는 내용이 빽빽하게 나와 있었다. 광고를 보니 마치 멋진 옷들이 즐비하게 늘어선 백화점 안을 거닐고 있는 듯한 느낌이 들었다.

"공휴일엔 사람이 많을 테니 내일 노마가 학교에 갔다오면 같이 다녀와야겠어요."

찬찬히 신문을 들여다보고 계시던 아버지한테 어머니께서 말씀하셨다.

"가까운 시장에도 좋은 물건이 많더구만, 백화점에 뭣하러 가려고 해요?"

신문에서 눈을 떼지 않은 채 아버지께서 말씀하시자 어머니께서는,

"그래도 백화점 물건이 믿을 만해요. 할인 판매할 때는 시장 물건 값이랑 별 차이도 없고요."

하고 대답하셨다.

노마는 아버지, 어머니의 얘기를 들으며 값비싼 물건만 좋아하면 안 된다고 하신 선생님의 말씀을 떠올렸지만, 가끔 멋진 옷을 입는 것도 즐거운 일이라고 생각했다. 그리고 오랜만에 시내 구경을 한다는 기대 때문에 아무 말도 하지 않았다.

이튿날 노마는 학교가 끝나자마자 집으로 달려왔다. 힘차게 현관

문을 밀고 들어서는 노마를 보고, 어머니께서 빙그레 웃으셨다. 노마와 어머니는 버스를 타고 시내 중심가에 있는 백화점으로 갔다.

백화점 벽에는 '초여름 대할인 판매'라고 씌어진 현수막이 커다랗게 붙여져 있었고, 그 밑에는 여러 종류의 선전 현수막이 늘어뜨려져 있었다.

백화점은 문밖에서부터 붐볐다. 문 입구에 내다 놓은 물건을 사는 사람, 누군가를 기다리는 사람, 웃고 떠드는 사람들을 보니 노마는 더욱 신이 났다.

어머니는 노마의 손을 잡고 아동복을 파는 곳으로 갔다. 밝은 색깔의 옷들이 귀여운 마네킹에 입혀져 있었다. 노마와 어머니는 먼저 한 바퀴 돌아다녀 보았다.

"마음에 드는 옷이 있니?"

어머니께서 물어 오셨다.

"다 예쁜 것 같아요. 뭐가 좋은지 잘 모르겠어요."

노마가 말하자 어머니께서는 혼잣말로,

"할인 판매인데도 왜 이렇게 비쌀까? 너무 비싼데……."

하시며 말끝을 흐렸다.

어떤 것이 좋은지 모르겠다고 말하긴 했지만, 노마는 동물 무늬가 많이 박혀 있는 남방과 흰색 반바지가 가장 멋지다고 생각했다. 마네킹 인형이 입고 있었던 것인데, 그 모습이 아주 멋있었기 때문이었다.

노마는 그쪽으로 어머니의 팔을 끌었다.

"엄마, 이 옷이 마음에 드는데요."

노마가 말하자 어머니께서는 좀 난처한 표정으로 물었다.

"그런데 노마야, 너 이 옷의 가격표 봤니?"

노마는 옷에 붙은 가격표를 보고 깜짝 놀랐다. 반팔 남방 하나의 값이 할인된 것인데도 오만 원 가까이 되었던 것이다. 반바지도 마찬가지였다.

노마는 옷에만 정신이 팔려 미처 가격표를 보지 못했던 것이다. 어머니께 너무 큰 부담을 준다는 생각이 들어 노마는 슬그머니 발걸음을 돌렸다.

"엄마, 다시 보니 이 옷은 별로인 것 같아요. 다른 옷을 골라 보겠어요."

노마는 다시 백화점 안을 돌아다녔다. 마음에 드는 옷이 몇 가지 있었지만 가격표를 보고는 슬며시 외면해 버렸다.

백화점 구석에는 가격이 적당한 옷들도 있었다. 그렇지만 그것들은 대부분 너무 유행에 뒤떨어진 오래된 것이었다. 할인 판매를 시작한 지 이삼일 지났기 때문에 쓸 만한 물건이 다 빠져나간 것인지도 몰랐다.

백화점 안을 뱅글뱅글 돌아다니던 노마와 어머니는 함께 지쳐 버렸다. 노마가 다리를 두드리며 말했다.

"엄마, 제 옷은 동네 시장에 가서 사 주세요."

그러자 어머니께서는 가볍게 웃으셨다.

"아니다. 이왕 나왔는데……. 큰맘 먹고 아까 네가 맘에 들어했던 옷을 사도록 하자."

노마와 어머니는 백화점 안에서 한참이나 실랑이를 벌이다가, 결국 시장에 가서 사기로 하고 백화점을 나왔다.

시장을 한참이나 돌아다닌 끝에 노마는 백화점에서 보았던 옷만큼이나 멋진 옷을 살 수 있었다.

몇 시간을 돌아다닌 탓에 지쳐서 집으로 돌아온 노마는 역시 지쳐서 앉아 계신 어머니께 물었다.

"할인 판매를 하는데도 그렇게 비싸니 원래 가격은 도대체 얼마나 될까요?"

"그러게 말이다. 어른들 옷이 비싼 줄은 알고 있었지만 어린이 옷마저 그렇게 비싸진 줄은 엄마도 미처 몰랐구나. 괜히 너만 고생시킨 것 같다."

"아니에요, 엄마. 힘도 들고 또 마음에 든 옷을 사지 못할 때는 기분이 언짢았지만, 오늘 많은 걸 배웠어요. 음, 비싼 게 반드시 좋은 건 아니라는 것, 겉모양이 좋고 화려하다고 해서 쉽게 빠져 들면 안 된다는 것 등등 말예요."

"하긴 두 배로 값을 올려놓고 30퍼센트 할인해 주면 무슨 소용이 있겠니? 결국 원래 가격보다 40퍼센트나 비싸게 사는 꼴이지. 이런 속임수를 모르고 '70퍼센트 할인'이다, '반값'이다 하는 말을 좋아해선 안 되겠지…….”

이야기를 주고받는 노마와 어머니의 지친 얼굴에서 어느새 환한 웃음이 번져 나왔다.

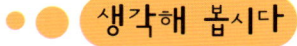
생각해 봅시다

여러분도 백화점이나 가게에서 '파격 세일', '대폭 할인'이라는 선전 문구를 걸고 물건을 파는 모습을 많이 보았겠지요? 그리고 신문에서 백화점의 세일이 문제가 되었던 기사를 읽었을 것입니다.
왜 상인들은 할인 판매를 한다고 하면서 손님을 모을까요? 상인 자신을 위해서일까요, 소비자인 우리를 위해서일까요?
그리고 어떤 물건을 보고 '싸다', '비싸다'라고 말할 수 있는 기준은 무엇일지 생각해 보세요.

함께 철학하기

주제: 판단

다음과 같은 것을 정확하게 말할 수 있는 가장 좋은 방법은 무엇일까요?

보기 : ① 만져 보기 ② 눈으로 보기 ③ 생각해 보기

❶ 목욕탕 물의 뜨거운 정도 (   )

❷ 하늘의 색깔 (   )

❸ 태양의 온도 (   )

❹ 밤에 본 풀의 색깔 (   )

❺ 내일 아침 밥상에 오를 반찬 (   )

❻ 장미꽃의 향기 (   )

현대판 고려장

교문을 나서는 현순이와 경미의 발걸음이 무척이나 재빨랐다. 큰 길로 나서자 앞을 다투어 쌩쌩 달리는 차들이 보였다.

현순이는 건널목에 서서 숨을 헐떡이며 짜증스러운 목소리로 투덜거렸다.

"에이! 금방 버스가 올 텐데 아직도 빨간 불이잖아."

그러자 경미가 현순이의 옆얼굴을 힐끗 쳐다보며 물었다.

"현순아, 너 어딜 가는데 그렇게 서두르는 거니?"

현순이는 경미가 고개를 갸우뚱거리며 궁금해하는 것도 아랑곳하지 않고, 맨손으로 이마의 땀을 훔치며 툴툴거리기만 했다.

아슬아슬하게 버스를 탄 현순이와 경미는 가방을 무릎에 올려놓고 땀을 식혔다. 잠시 후 경미는 현순이의 눈치를 살피면서 다시 한 번 물었다.

"현순아, 도대체 어딜 가는 거니?"

그제야 현순이가 짧게 대답했다.

"약방."

"약방? 네가 아픈 건 아니겠고, 엄마가 아프시니?"

"아니, 엄마도 나도 아픈 덴 없어."

"그럼, 현철이? 아니면 아빠?"

"아냐, 아무도 아프지 않아."

"그럼, 왜?"

경미가 묻는 순간 버스가 섰다. 둘은 버스에서 내려 갈림길에서 헤어졌다. 경미와 헤어진 현순이는 동네 약국에 들렀다. 현순이는 흰 가운을 입고 있는 약사 아저씨를 큰 소리로 불렀다.

"아저씨, 피곤할 때 먹는 약 있죠? 뭐라더라, 광고에 많이 나온 건데……."

아저씨께서는 노란 상자를 가리키며 물으셨다.

"이거 말이니?"

"네, 바로 그거예요. 얼마죠?"

현순이는 주머니에서 만 원짜리 지폐 한 장과 천 원짜리 지폐 두 장을 꺼내서 약을 샀다. 흥얼거리면서 골목으로 들어서던 현순이는 웬 할머니께서 얼굴을 무릎에 댄 채, 잔뜩 구부리고 앉아 있는 것을 보았다.

무심코 지나치기에는 그 모습이 너무도 불쌍해 보였다.

"할머니, 왜 여기 앉아 계세요?"

현순이의 물음에 고개를 드신 할머니의 눈에는 눈물 자국이 어지러이 흩어져 있었다. 그것을 본 현순이는 흠칫 놀라면서 물었다.

"어디 아프세요?"

그러자 그 할머니께서는 입술을 부르르 떠시더니 사정을 얘기했다.

할머니께서는 그저께 시골에서 서울 구경을 하려고 며느리와 함께 올라오셨단다. 구경을 하는 도중, 며느리가 마실 것을 사 오겠다고 하며 가서는 아무리 기다려도 오지 않길래, 여기저기 찾으러 다니다가 여기까지 오게 된 거라고 하셨다.

할머니의 딱한 사정을 듣게 된 현순이는 잠시 생각하다가 입을 열었다.

"걱정하지 마세요. 제가 파출소에다 모셔다 드릴게요. 그러면 모든 게 다 잘될 거예요."

현순이는 할머니의 손을 잡고 파출소로 갔다. 현순이의 얘기를 다 들은 경찰관 아저씨는 어두운 얼굴 표정을 지으며 말씀하셨다.

"네 말은 잘 알았다. 그런데 집을 찾아 드리면 뭐 하니? 잘은 모르겠지만, 아마도 그 집은 지금쯤 이사 갔을 게 분명하다."

파출소를 나오는 현순이의 귓가에 경찰관 아저씨의 화난 듯한 목소리가 들렸다.

"내 참, 이런 사건이 거의 날마다 일어나니……."

현순이는 집으로 돌아가면서 경찰관 아저씨가 한 말이 무슨 뜻인지 곰곰이 생각했다. 그 아저씨의 화난 목소리가 현순이의 뇌리를 떠나지 않고 뱅뱅 돌고 있었다.

현순이는 아버지, 어머니, 동생이 부르는 생일 축하 노래를 다 들은 뒤에 케이크에 꽂혀 있는 촛불을 '후' 하고 껐다. 동생 현철이는 현순이한테 하얀 토끼 인형을 선물로 줬고, 부모님께서는 하모니카를 주셨다.

현순이는 선물을 받고 난 뒤에 아까 산 약을 슬그머니 내놓았다. 그러고는 잔잔한 목소리로 말했다.

"엄마, 아빠 고맙습니다. 저를 낳으시고 지금까지 기르시느라고 굉장히 고생하셨죠? 제가 크면 이것보다 훨씬 더 좋은 선물을 할 거예요."

현순이의 말에 어머니께서는 감격한 듯이 물으셨다.

"이제 우리 현순이가 철이 드는 모양이로구나. 그런데 이게 무슨 약이니?"

"요즘 엄마, 아빠가 자꾸 피곤하다고 하시길래 피로 회복제를 샀어요. 마음에 드세요?"

현순이 아버지께서는 아주 호탕하게 웃으시며 우리 딸이 어른이 다 됐다며 좋아하셨다.

어머니께서 만든 여러 가지 맛있는 음식들을 먹으며 조잘거리던 현순이는 갑자기 아까 일어났던 일이 생각났다. 현순이는 그 일을 식구들한테 자세히 얘기해 줬다. 그리고 경찰관 아저씨가 한 말이 무슨 뜻이냐고 물었다.

아버지께서는 혀를 끌끌 차시며 말씀하셨다.

"'현대판 고려장'이구나."
"'현대판 고려장'이라고요? 그게 뭐죠?"
"현순이 너, 고려장이란 말 알지?"
"네 고려장은 늙으신 부모님을 산속에 갖다 버리던 우리 선조들의 나쁜 풍속이에요."
"바로 그게 지금 세상에도 일어나고 있는 거란다."
"어머, 어쩌면 그럴 수가……. 너무해요."

"글쎄 말이다. 부모는 자기의 뿌리인데, 그 뿌리를 자르려고 하다니……."

아버지께서 말씀하시자, 어머니께서는 현순이의 머리를 쓰다듬으시며 이렇게 말씀하셨다.

"여보, 우린 참 복도 많아요."

아버지께서도 현순이를 바라보시며 흐뭇해하셨다.

잠자리에 든 현순이는 잠이 잘 오지 않았다. 백부터 거꾸로 숫자를 되풀이해서 세기를 무려 다섯 번이나 했지만, 낮에 만난 할머니의 슬픈 눈동자가 자꾸만 떠오를 뿐 잠은 오지 않았다. 현순이는 밤이 깊어 갈수록 말똥말똥해지는 눈을 천장에 고정시키고는 혼자 중얼거렸다.

'늙으신 부모님을 외면하고 버리기까지 하는 사람들은 어떤 사람들일까? 그렇게 하면 더 행복하게 잘 살 수 있다고 생각하기 때문일까? 그렇다면 행복하게 잘 산다는 것은 무얼 말하는 거지?'

생각해 봅시다

여러분은 '고려장'에 대해서 들어 본 적이 있을 것입니다.
예전에 고려장이 있었던 이유를 알아보세요. 그리고 왜 없어졌던 고려장이 요즘에 다시 생기고 있는지 원인을 생각해 보세요.
또 고려장은 아니지만 그것과 비슷한 일들이 종종 일어나는데, 그것은 사위가 장인 또는 장모를 함부로 대하거나 며느리가 시부모님을 홀대하는 일들입니다.
이런 일들은 왜 일어나는 걸까요?
만일 여러분이 결혼을 해서 남편이나 부인이 이런 행동을 한다면 여러분은 어떻게 하겠습니까?

주제: 중요한 문제

다음과 같은 질문들이 여러분에게 중요한 문제인지 아닌지 생각해 보세요.

> 함께 철학하기

1. 어떤 신발을 사서 신을까? (   )
2. 반장으로 누굴 뽑을까? (   )
3. 오늘밤에 어떤 꿈을 꿀까? (   )
4. 엄마, 아빠가 말다툼을 하셨다. (   )
5. 영화를 보고 눈물이 나왔다. (   )

4. 도전과 극복

우리는 장애인들이 겪는 어려움을 잘 알지 못합니다. 4장에서 우리는 장애인들이 어려움을 이겨 나가는 자세를 통해 많은 것을 생각해 볼 수 있게 될 것입니다. '내가 그러한 어려움에 처한다면 어떻게 할까?', '장애인들에게 따뜻한 관심을 가져 보았나?' 이런 것들에 대해 생각해 봄으로써 어린이들은 남을 배려하는 지혜를 얻게 될 것입니다. 또 여기에 실린 이야기를 통해, 우리가 살아가는 데 따뜻한 사랑이 없어서는 안 된다는 사실도 깨닫게 될 것입니다.

올빼미와 미네르바

　현수네 삼촌은 전자 제품 수리 기술자시다. 집 근처에 '행운 전자 수리 센터'라는 작은 가게를 내고 이웃 사람들이 가져오는 온갖 고장난 것들을 고쳐 주신다.

　삼촌은 어릴 때 앓은 소아마비로 왼쪽 다리를 절지만, 현수는 그런 삼촌이 얼마나 자랑스러운지 모른다. 왜냐하면 일단 삼촌 가게에 수리를 맡긴 물건들은, 삼촌의 손을 거치기만 하면 낡아서 더 이상 쓸 수 없게 될 때까지는 절대 고장이 나지 않는다고 소문이 났기 때문이다.

　이웃 사람들은 그렇게 좋은 솜씨를 두고 왜 이런 곳에 묻혀 있냐고 묻지만, 삼촌은 그저 소리 없이 웃기만 하실 뿐 아무 말씀도 하시지 않는다. 현수도 그 점이 참 이상하다고 생각했다. 좀 더 큰 가게로 만들거나 더 좋은 데로 옮기면 돈도 더 많이 버실 수 있을 텐데…….

이상한 점은 그뿐만이 아니다. 현수 삼촌의 버릇 가운데 알 수 없는 것은 남들이 모두 잠든 한밤중에만 수리하는 작업을 하신다는 것이다. 낮 동안 숙모가 물건을 맡아 놓으시면 삼촌은 저녁 무렵쯤 잠에서 깨어나셔서 수리를 맡긴 물건들을 이리저리 살펴보시다가 책상 위에 어떤 순서대로 늘어놓으신다.

텔레비전, 라디오, 녹음기, 전축, 선풍기, 전기밥솥, 전기다리미, 면도기……. 소리를 내지 않거나 돌지 않거나 움직이지 않았던 죽은 물건들은 삼촌의 손이 닿으면 다시 노래를 부르고, 춤을 추고, 말을 하고, 날개를 돌리고, 움직이기 시작한다.

그래서 현수는 삼촌이, '밤에만 움직이는 마술사가 아닐까?' 하고 생각한 적도 있었다.

어느 날 현수는 삼촌 집에 놀러 가 잠을 자다가 한밤중에 문득 깼던 적이 있다. 목이 말라 머리맡에 놓인 주전자의 물을 마시고 다시 눈을 감으려는데, 어디선가 말소리가 들리는 게 아닌가. 그건 분명히 삼촌의 다정한 목소리였다.

현수는 얼른 일어나 가게 안으로 들어갔다. 가게는 컴컴했지만 삼촌이 앉아 있는 구석 책상 앞에는 밝은 불이 켜져 있었다. 그 불빛 때문에 주변의 물건들이 빛나고 있었다.

현수가 뒤에 서 있는지도 모르는 삼촌은 계속해서 혼잣말을 하고 계셨다.

"조금만 더 기다려라. 이제 다 돼 간다. 옳지 용하다."

"삼촌!"

　현수가 삼촌을 부르자 삼촌은 중얼거리는 걸 멈추시고는 천천히 고개를 돌렸다.
　"응, 현수구나."
　삼촌은 그렇게 대답하시고는 다시 고치던 전축을 만지기 시작하셨다.
　현수는 좀 섭섭하기도 하고 궁금하기도 해서 삼촌의 수리 책상 곁으로 다가섰다. 하얀 백열 전구가 밝게 비치는 책상 위엔 덩치가 제법 큼직한 전축이 삼촌의 손길에 만져지고 있었다. 거의 다 고쳐진 모양이었다. 삼촌은 전축의 뒷면 덮개 나사를 드라이버로 조이고 계셨다.
　"왜, 자지 않고 나왔니?"
　"잠이 깼어요."
　"응, 그래……. 음악 한 곡 들어 볼래?"

 삼촌은 다 고친 전축을 시험하려는 듯, 동그란 음반을 꺼내 전축 위에 올려놓곤 스위치를 누르셨다.

 조용한 음악이었다. 가늘고 높은 소리를 내는 바이올린과 맑은 소리의 피아노, 그리고 약간 무겁고 점잖은 첼로 소리가 함께 조용히 들려왔다.

 "삼촌, 조금 전에 누구하고 이야기하셨어요?"

 "이놈하고."

 삼촌은 부드럽게 미소를 지으며 전축을 가리키셨다.

 "에이 참, 기계가 어떻게 말을 해요?"

 또 한 가지 알 수 없는 삼촌의 수수께끼였다. 기계하고 말을 하다니, 어디 그게 말이나 될 법한 일일까? 현수는 의아하기만 했다.

 "아니다, 지금도 내게 말을 하고 있는걸. 잘 고쳐 줘서 고맙다고."

"음악 소리뿐이잖아요?"

"그래, 하지만 잘 들어 보렴. 이 전축뿐만 아니라 다른 기계들도 이야기를 하고 있단다."

"아무것도 들리지 않는데요. 에이, 삼촌! 사람도 아닌데? 더구나 살아 있지도 않은 것들이 어떻게 말을 해요?"

"저쪽에 있는 고칠 수 없이 망가진 놈들은 말을 하지 못하지. 그러나 이쪽의 고칠 수 있는 놈들은 말을 하고 있단다."

"거짓말하지 마세요."

하지만 삼촌의 말이 농담 같지는 않았다. 구석 어두컴컴한 곳에 버려진 기계들은 다 부서져 속이 들여다보이는 탓에 더 이상 삼촌도 손을 써 볼 수 없는 죽은 것들이었다.

"그런데 참, 삼촌은 왜 밤에만 일을 하세요?"

삼촌은 알 수 없는 미소만 지어 보이곤 녹음기를 수리하기 시작하셨다.

"어디 보자, 너는 어디가 아프니?"

현수의 물음에 대답도 않고 삼촌은 곧장 작업에 열중하시는 것이었다.

현수는 가게 이곳저곳에 놓인 물건들을 둘러보았다. 어둠 속에서 빛에 반사된 부분들이 반짝거리고 있었다.

'겉으로 봐선 멀쩡해 보이는 저 모든 것들이 고장나거나 어딘가 망가진 것들이라니! 어디서 무엇 때문에 고장난 것들일까? 그런데 삼촌 다리도 고장났잖아! 삼촌 다리는 왜 고치지 못하셨을까? 고치지 못할 정도로 고장났기 때문일까? 고칠 수 있는 것들과 고칠 수 없는 것들……. 이 세상은 고칠 수 있는 것들과 고칠 수 없는 것들로 나뉘어 있는 걸까?'

현수가 생각에 잠겨 있을 때 꿈결같이 삼촌의 목소리가 들렸다.

"졸리니? 어서 들어가 자거라."

"왜 삼촌은 저를 자꾸 재우려고만 하시죠? 저도 살아 있지 않은 것들과 얘기를 시작하려는 참인데."

"허허허. 그게 쉽지 않을 텐데……."

"그런데 삼촌은 어떻게 쉽게 이야기하신다는 거죠?"

"그건……. 음, 마음의 세계 속에서만 가능하단다."

'마음의 세계? 마음이 보이나?'

"들어 보렴. 삼촌은 어린 시절 소아마비를 앓은 보기 흉한 다리 때문에 친구가 없었단다. 그래서 혼자 방 안에서 이것저것 만지면서 놀기를 좋아했지. 무척 외로웠단다. 그러다가 어느 날 문득 '내가 만지는 물건들도 생각하고 말을 하고 있는 게 아닐까?' 하고 생각했지. 내가 생각하고 말을 하듯이 말이야. 처음엔 그저 재미로 생각했지만 언젠가부터 진짜로 물건들이 내게 말을 한다는 생각이 들기 시작한 거야. 이해할 수 있겠니? 그리고 밤이 되면 그들의 목소리가 좀 더 밝고 분명하게 들려왔단다. 사람들이 모두 잠들고, 떠들썩하던 거리가 고요 속에 묻히게 되면 하나 둘씩 입을 열기 시작하지. 내겐 그 순간이 가장 즐거운 시간이야."

현수는 삼촌의 수수께끼를 풀게 된 것이 무엇보다도 즐거웠다.

"삼촌은 올빼미 같아요. 밤에만 움직이는 올빼미 삼촌."
"그래, 하지만 올빼미는 지혜의 여신이 보낸 심부름꾼이란다."
"지혜의 여신이 보낸 심부름꾼이요?"
"응, 그리스 로마 신화에 나오는 여러 신들 중에 지혜를 나타내는 미네르바라는 여신이 있는데, 이 신은 항상 올빼미를 데리고 다녔다는 이야기가 있더라."

나는 삼촌도 지혜의 여신이 보낸 사자가 아닐까라는 생각이 들었다. 왜냐하면 삼촌의 손에 무엇이든 고장난 것들이 닿으면 그대로 고쳐지는 신비한 재주가 있기 때문이다.

그러나 현수는 삼촌도 도저히 고칠 수 없는 것들이 있다는 사실을 알게 되었다. 그런 기계들은 고물상으로 팔려가 완전히 잊혀지게 될 것이다. 슬픈 일이다.

현수는 갑자기 자기도 고장이 나서는 안 되겠다는 생각이 들었다. 다치거나 병이 들어 용한 의사의 솜씨로도 고칠 수 없게 될 때를 상상하니까 끔찍한 생각이 들었다.

"애야, 졸린 모양이구나. 들어가서 자거라."
"아니에요, 삼촌. 갑자기 슬픈 생각이 들어서 그랬어요."
"슬픈 생각이라니?"
"고쳐지지 않는 것들 때문이에요. 고쳐지지 않으면 이야기도 주고받지 못하고 마음도 나눌 수 없잖아요."

현수는 자기도 모르게 눈물이 나왔다. 가슴이 아팠다. 울지 않으려 해도 눈물이 흐르는 것을 막을 수 없었다. 삼촌은 아무 말 없이 울고 있는 현수를 바라보고만 계셨다.

한참 뒤 삼촌은 조용히 말씀하셨다.

"현수야, 이 세상에 영원히 사는 것은 없단다. 어떤 물건은 오랫동안 움직일 수 있고, 또 어떤 물건은 한 번만 쓰여지고 끝나는 것도 있단다. 사람도 마찬가지지. 어떤 사람은 오랫동안 살아서 아들, 손자, 증손자까지 보는 사람도 있고, 어떤 사람은 태어나자마자 곧 죽는 경우도 있단다. 그건 사람의 힘으로는 어쩔 수 없는 것이지……."

"사람의 힘으로 할 수 있는 것도 있잖아요?"

현수는 삼촌의 말을 들으면서 마음이 가라앉는 듯한 느낌이 들었다. 눈물도 더 이상 나오지 않았다.

"그렇지. 요즘은 의학이 발달해 일찍 병을 고치거나 몸을 잘 보살피면 조금은 더 오래 살 수야 있지. 그밖에 우리가 살아가는 방법이나 태도도, 어느 정도까지는 사람 마음대로 고쳐 나갈 수 있단다. 내가 어린 시절에 앓은 소아마비 때문에 슬퍼하지만은 않고 이렇게 솜씨 좋은 기술자가 된 것처럼 말이다."

"삼촌, 이제는 좀 덜 슬픈 것 같아요. 어쩔 수 없는 것은 어쩔 수 없지만, 어쩔 수 있는 것은 고치거나 바꿀 수 있을 테니까요. 늦잠을 자는 거라든지, 숙제를 미루는 습관 같은 것은 어쩔 수 있는 것들이잖아요."

"그래, 참 좋은 생각을 했다. 고칠 수 있는 나쁜 습관이나 태도는 행동으로 고쳐 옮겨야지. 자, 이런! 벌써 새벽 두 시가 넘었구나. 너 또 늦잠 자게 되겠다. 어서 가서 자거라."

"그래야겠어요. 아 참! 삼촌, 삼촌의 올빼미 습관은 언제 고칠 거죠?"

방으로 자러 가면서 현수는 삼촌의 비밀을 안 것이 여간 기쁜 게 아니었다.

'물건들과 비밀 얘기를 나누시다니……. 하지만 그것보다 소아마비 다리를 갖고서도 일류 기술자가 되어 행복하게 살아가는 모습이 어쩌면 삼촌의 가장 멋진 비밀인지도 몰라.'

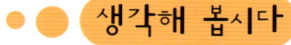 생각해 봅시다

이 세상에는 고칠 수 있는 것과 고칠 수 없는 것들이 많이 있습니다.
고칠 수 있는 것에는 무엇이 있을까요? 그것은 어떻게 고쳐질 수 있을까요?
고칠 수 없는 경우도 생각해 보세요. 또 고칠 수 없다고, 즉 어쩔 수 없다고 생각했는데 고쳐진 경우를 얘기해 보세요.

주제: 고칠 수 있는 것과 없는 것

다음의 것들은 고칠 수 있는지(○), 없는지(×) 괄호 안에 써 넣고 그 이유를 말해 보세요.

함께 철학하기

❶ 겁쟁이 (   )

  이유:

❷ 거짓말쟁이 (   )

  이유:

❸ 욕심쟁이 (   )

  이유:

❹ 잃어버린 신용 (   )

  이유:

❺ 게으름뱅이 (   )

  이유:

❻ 불우 이웃의 살림살이 (   )

  이유:

❼ 사치 풍조 (   )

  이유:

❽ 사투리 (   )

  이유:

관수네 분단의 승리

 노마네 반에는 어렸을 적에 소아마비를 앓아 다리를 약간 저는 관수라는 아이가 있다. 관수는 성격이 활달하고 생각이 깊어 많은 아이들이 좋아한다.
 그런데 지난번 체육 시간에 있었던 일 때문에 관수는 노마네 분단의 몇몇 아이들에게 미움을 샀다.
 그날 분단 대항으로 이어달리기를 했었는데 관수도 달리게 되었다. 노마가 힘들지 않겠느냐고 물었지만, 관수는 꼭 한 번 해 보고 싶다고 했다.
 차례가 된 관수는 있는 힘을 다해 달렸다. 그렇지만 역부족이어서 노마네 분단이 꼴찌를 하고 말았다. 병구, 동수 등의 아이들은 관수가 아니었으면 일등을 했을 거라며 불만이 대단했다.
 그리고 관수에게 분단 전체의 이익을 위해서 빠져 주었으면 좋겠다며 이제부턴 체육 시간에 나오지도 말라고 면박을 주었다.

그날 노마는 관수네 집에 놀러 가게 되었다. 관수의 방에서 가장 눈에 띈 것은 팔 운동을 하는 여러 가지 운동기구들이었다.

"관수야, 이건 아령 아니니?"

"응, 난 다리 힘이 약해서 다리로 하는 운동은 잘할 수가 없어. 그 대신 팔 힘은 좀 센 편이거든. 그래서 팔힘을 더욱 단련시키려고 하는 거야."

관수는 운동뿐 아니라 컴퓨터, 역사 등에도 관심이 많았다. 노마에겐 그런 관수가 평소의 모습과 너무 달라 보여서 그저 입이 벌어질 뿐이었다.

며칠 뒤 체육 시간이었다. 아이들이 원해서 분단별로 기마전을 하게 되었다. 두 분단씩 싸운 다음, 이긴 분단끼리 다시 겨뤄서 승패를 가리기로 했다. 관수가 말의 머리를 시켜 달라고 하자, 병구가 버럭 소리를 질렀다.

"야, 관수, 넌 빠져 달라고 했잖아. 또 우리 3분단을 망쳐 놓을 셈이야?"

그러나 관수는 팔 힘에는 자신이 있다고 당당히 말했다. 노마도 관수 편을 들었다.

"너희들 관수 팔 힘이 얼마나 센지 알아? 난 우리 반에서 내가 제일 세다고 생각했었는데. 관수랑 팔씨름을 해서 내가 졌어. 관수는 잘 싸울 거야."

다른 아이들도 맞장구를 쳐 주었다.
관수는 노마, 길룡, 동수와 한 조가 되었다. 무사히 결승에 나간 노마네 분단은 4분단과 맞붙게 되었다. 4분단은 덩치 좋은 성구가 밑에서 떠받치고 악바리 준호가 머리가 되어 아주 막강했다.

그렇지만 관수는 다른 아이들이 놀랄 정도로 잘 싸워서 악바리 준호를 여지없이 밀어붙였다. 노마네 분단이 이기자, 아이들은 관수가 아니었으면 이기지 못했을 거라며 좋아서 야단들이었다.

"관수야, 미안해. 내가 화낸 것 용서해 줘."

병구가 머리를 긁적이며 말하자, 관수는 밝게 웃으며 대답했다.
"아냐, 지난 체육시간에 내가 다리가 멀쩡한 다른 아이들과 경쟁하려 했던 건 무리였다고 생각하고 있었어……."
노마는 그 모습을 바라보며 이렇게 생각했다.
'관수처럼 자신의 결함에 굴하지 않고 장점을 발전시켜 나가는 꿋꿋한 아이들이 많으면 좋을 텐데. 그리고 그들의 노력에 찬물을 끼얹는 사람들의 나쁜 마음도 없어졌으면…….'

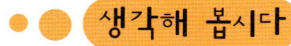

생각해 봅시다

관수는 소아마비에 걸렸기 때문에 잘 달리지 못합니다. 그러나 매일 아령 연습을 해서 팔 힘이 아주 셉니다.
이렇듯 자신의 결함에도 불구하고 주저앉지 않는 모습은 우리 모두가 본받아야 할 일입니다. 또 자기의 장점을 발견하고 발전시켜 나가는 일도 매우 중요합니다.
여러분에게도 어떤 것은 결함이 되지만, 어떤 것은 다른 사람들보다 나은 점이 있을 것입니다. 그것은 무엇인가요?
또 병구처럼 결점을 극복하기 위해 노력하는 사람들에게 찬물을 끼얹는 행동을 하는 사람들이 있다면 무슨 말을 해 주겠습니까?

주제: 변화

다음 사항들은 여러분이 자란 다음에도 똑같을까요? 보기에서 골라 써 넣고, 그 이유를 말해 봅시다.

보기 : ① 똑같다 ② 다르다 ③ 확실하지 않다

❶ 마음의 상처 (　　)

이유 :

❷ 여러분의 복장 (　　)

이유 :

❸ 얼굴의 흉터 (　　)

이유 :

❹ 여러분의 생각 (　　)

이유 :

❺ 여러분의 능력 (　　)

이유 :

❻ 관수의 소아마비 (　　)

이유 :

❼ 여러분이 좋아하는 일 (　　)

이유 :

❽ 여러분의 친구 (　　)

이유 :

함께 철학하기

난 네가 불쌍한데

나리는 바로 등 뒤에서 어떤 인기척을 느끼고 휙 고개를 돌렸다. 그때 재빨리 옆으로 발을 옮기며 앞으로 걸어가고 있는 청년을 보았다. 검은색 안경을 끼고 오른손에 흰 지팡이를 든 것으로 보아 맹인임에 틀림이 없었다.

앞서 걷던 그 청년은 어떤 아저씨와 점점 가까워지고 있었다. 한 발짝만 더 가면 '꽝' 소리가 날 것 같았다. 그때였다. 그 청년은 갑자기 방향을 휙 꺾어서 용케도 그 아저씨를 피해 걸어가는 것이었다.

나리는 그것을 보고 숙주와 미미에게 부탁했다. 자기가 눈을 감고 걷는 동안 옆에서 시간을 재어 달라고, 딱 일 분 동안만 사람들과 부딪치지 않도록 그때 그때 주의를 줄 것도.

그리고 나리는 눈을 감았다. 모든 게 나리의 눈앞에서 사라졌다. 그 자리를 시커먼 공간이 차지했다. 텅 빈 공간을 주춤거리며 걷던 나리는 얼마 가지 않아서 자신도 모르게 눈을 떠 버렸다.

'다시 한 번만 더, 이번에야말로 꼭!'

나리는 온 힘을 다해 눈을 꼭 감고 걸었다. 쉰 걸음쯤 걸었을 때 '퍼억' 하는 소리가 났다. 처음에는 별이 몇 개 오락가락했다. 그리고 곧 이어 전봇대가 보였고, 숙주와 미미가 배를 잡고 깔깔대고 있는 게 보였다.

나리는 어머니에게 이마에 난 혹을 보여 드리며 집에 돌아오는 길에 일어난 일에 대해서 말씀드렸다. 나리는 어머니께서 소독약을 바른 솜으로 이마를 문지르실 때마다 얼굴을 찌푸렸다. 나리 어머니께서는 혀를 끌끌 차시며 말씀하셨다.

"원, 애들이 이렇게 장난이 심해서야."

그리고 곧 말을 이으시며 눈을 흘기셨다.

"넌 무슨 애가 그렇게 엉뚱하니?"

나리는 딴청을 부리고 싶었다.

"응? 내 엉덩이가 뚱뚱하다고? 전혀 아닌데."

그러자 어머니께서는 어이가 없다는 듯 피식 웃으시며 말씀하셨다.

"딴청은? 그래 그럼, 엉덩이도 뚱뚱하지 않은 애가 무슨 이유로 그런 엉뚱한 짓을 했는지 한번 들어 보자꾸나."

나리는 왠지 어머니한테 금방 털어놓고 싶지가 않았다. 그때까지 자신의 마음 속에 감춰져 있던 청개구리 심보가 갑자기 불쑥 튀어나왔기 때문이다. 그래서 나리는 대수롭지 않다는 듯 말했다.

"그냥요. 그냥 그러고 싶었어요."

그런데 누가 여자의 마음을 갈대라고 그랬는지, 말이 끝나자마자 나리는 어머니한테 자신의 마음을 솔직하게 말씀드리고 싶어졌다. 그래서 얼른 덧붙였다.

"그게 아니고요. 실은 전 맹인의 기분을 느끼고 싶었어요."

그러자 붕대를 잘라서 긴 직사각형 모양을 만들고 계시던 어머니께서 얼굴을 아래로 향하신 채 나지막이 말씀하셨다.

"그래, 뭘 좀 느꼈니?"

"으응……. 눈을 감는 순간 전 어둠 속에 내팽개쳐졌어요. 그리고 발을 뗄 때마다 발바닥이 움츠러들고 마음이 불안했어요. 매일을 그렇게 살아가야 하는 사람들이 이 세상에 있다니……. 우리보다 능력이 없게 태어난 게 뭐 그들의 죄인가요? 엄마, 전 그들이 너무 불쌍해요."

"난 오히려 네가 더 불쌍한데?"

나리는 어머니의 뜻밖의 말씀에 어안이 벙벙했다. 잠시 뜸을 들이다가 다시 여쭈어 보았다.

"왜요?"

어머니께서는 약 상자를 정돈하시던 손을 잠시 멈추시더니, 나리를 쳐다보며 말씀하셨다.

"네가 잘못된 생각을 가지고 있으니 말이다."

"제가요? 그게 뭐죠?"

"우선 엄마 얘기 좀 들어 보렴. 오래 전에, 여자는 사람이 아니라고 여겨졌던 때가 있었단다. 요즘엔 말도 안되는 생각이다만, 그때는 여자들도 그렇게 생각했단다."

"왜 그렇게 생각했을까요?"

"남자가 여자보다 능력이 뛰어나다고 생각했기 때문일 거다."

"엄마, 그건 그렇지가 않아요. 남자가 여자보다 능력이 뛰어난 게 아니라, 여자가 가진 능력과 남자가 가진 능력이 다른 것뿐이에요."

"그게 엄마가 말하려는 거다. 남자와 여자가 각기 서로 다른 능력을 가지고 있듯이, 눈 뜬 사람과 맹인도 서로 다른 능력을 가지고 있다는 거지. 나리야, 우리 집 어디에선가 우는 귀뚜라미를 네가 손으로 잡을 수 있을 것 같니?"

"아뇨."

"맹인들은 우는 소리만 듣고도 그 귀뚜라미를 잡을 수 있단다. 또 그들은 비록 육체의 눈은 멀었지만, 대신 훨씬 넓고 깊은 마음의 눈을 가지고 있지. 그 눈으로 육체의 눈으로는 도저히 볼 수 없는 것까지 볼 수 있단다."

나리는 어머니의 말씀을 듣고 육체의 눈으로는 도저히 볼 수 없는 게 뭘까 하고 생각했다. 그래서 어머니한테 여쭤 보려는데 초인종 소리가 들렸다. 이모였다. 이모는 나리를 보시자마자 활짝 웃어 보였다.

"나리야, 새 옷 입었니? 예쁜데."

그때 나리는 너무나 놀랐다. 나리의 이모는 맹인이기 때문이었다. 나리는 의심스러운 듯한 목소리로 물었다.

"응? 이모가 그걸 어떻게 알아?"

그러자 이모가 말씀하셨다.

"딱 보니까 알겠는데?"

나리는 그제야 어머니께서 방금 전에 하신 말씀이 생각났다.

'아! 이모에게는 마음의 눈이 있었지! 이제야 엄마의 말씀을 이해하겠어. 미래를 내다보고 우리의 운명을 가르쳐 주는 사람들 중에는 맹인들이 많이 있지. 그리고 미래나 운명은 육체의 눈으로는 볼 수 없는 것들이고……'

생각해 봅시다

여러분도 눈을 감고 하는 놀이를 해 본 경험이 있을 것입니다. 눈을 감고 있으면 눈을 뜨고 있을 때 느끼지 못했던 많은 것을 알게 됩니다. 앞을 볼 수 있는 경우와 앞을 보지 못하는 경우에 어떤 장단점이 있을까 생각해 보세요.
또 맹인들은 육체의 눈으로 볼 수 없는 것들을 볼 수 있다고 하는데 여러분의 생각은 어떤가요?

함께 철학하기

주제: 값을 매길 수 있는 것

다음과 같은 것들을 값으로 매길 수 있을까요? 괄호 안에 써 넣고 그 이유를 설명해 보세요.

> 보기 : ① 값을 매길 수 있다 ② 값을 매길 수 없다 ③ 모르겠다

❶ 축구공 (   )

이유 :

❸ 사이다 (   )

이유 :

❺ 예술품 (   )

이유 :

❼ 꿈 (   )

이유 :

❾ 양심 (   )

이유 :

⓫ 쇠고기 (   )

이유 :

❷ 물 (   )

이유 :

❹ 공기 (   )

이유 :

❻ 골동품 (   )

이유 :

❽ 우정 (   )

이유 :

❿ 착한 일 (   )

이유 :

⓬ 사랑 (   )

이유 :

진짜 장애자는 누구일까?

저녁을 먹던 나리는 갑자기 학교에서 일어난 사건을 떠올렸다.

점심 시간이 지나고 막 수업이 시작되었을 때였다. 아이들에게는 선생님의 말씀이 자장가로 들렸다. 많은 아이들이 고개를 아래위로 끄덕거리는 목운동을 하고 있었다.
 수업을 이끄시던 선생님께서 말씀을 멈추셨다. 그러고는 교실을 한 바퀴 휘 둘러보신 뒤 멋쩍은 미소를 지으셨다.
 이윽고 선생님께서 한 아이를 부르셨다.
 "이나리!"
 그러나 나리는 그 소리를 듣지 못했다. 짝인 미영이가 선생님의 눈치를 보면서 나리의 옆구리를 쿡 찔렀다. 졸음에서 깬 나리의 얼굴에 친구들의 따가운 시선이 느껴졌다.

다시 한 번 선생님께서 나리를 부르시자, 그제야 상황을 알아차린 나리는 얼굴을 붉히며 일어섰다.

선생님께서는 무표정한 얼굴로 물으셨다.

"조금 전에 내가 뭐라고 했지?"

"음, 이나리라고요……."

나리의 말이 채 끝나기도 전에 아이들은 책상을 치며 깔깔댔다. 선생님께서도 우습다는 표정을 지으시며 나리를 내려다보셨다.

"아니, 그것 말고 더 전에 내가 너희들에게 열심히 가르친 것."

그것을 알 길이 없는 나리는 얼떨결에 소리쳤다.

"통과."

그러자 선생님께선 어이없다는 표정 반, 재미있다는 표정 반이 엇갈리는 얼굴로 말씀하셨다.

"허허. 통과? 그놈, 참."

선생님께서는 마침내 껄껄 웃으셨다. 반 아이들도 낄낄거리며 나리를 놀려 댔다.

나리는 얼굴을 찌푸리며 속으로 투덜댔다.

'치. 하필이면 내가 걸릴 게 뭐람.'

그때 어깨를 툭 치며 어머니께서 말씀하셨다.

"애가, 넋이 빠져 가지곤……. 엄마가 두 번씩이나 불러도 몰라. 학교에서 무슨 일이 있었던 거로구나?"

나리는 더듬거리며 대답했다.

"응? 아, 아녜요. 일은 무슨."
"그래, 그럼 다행이구나. 참! 너한테 할 말이 있어. 너 대전에 사는 먼 친척뻘 되는 영철이 알지?"
"영철이? 그 애가 누군데요?"
"왜, 예전에 한 번 우리 집에 온 적이 있잖니? 걔한테 네가 '기린' 이란 별명을 지어 줬었지?"
그제야 나리는 고개를 끄덕였다.
"아! 기억이 나요. 소아마비에 걸린 아이 말이죠?"
"그래, 그 애가 내일 온다는구나. 그래서 네 방을 며칠 동안 걔한테 빌려 주고 넌 엄마랑 같이 자야겠다."
"싫어요. 전 제 방에서 잘 거예요. 웃기는 애야. 누구 귀찮은 줄도 모르고 자기 마음대로 오고."
그렇게 내뱉고 나리는 벌떡 일어나 자기 방으로 들어갔다.
'오늘은 왜 이 모양이지? 학교에선 놀림감이 되고, 집에서는 방에서 쫓겨나게 됐으니.'

다음 날, 어제 일로 뾰로통해진 나리는 수업이 끝난 뒤, 친구들과 떡볶이 가게에서 노닥거리다 집으로 돌아갔다.
초인종을 누르자 한참 후에 웬, 목이 긴 소년이 문을 열어 주는 것이었다. 그 소년은 나리를 보자 눈이 시리도록 하얀 이를 드러내며 싱긋 웃었다.
"네가 나리지? 또 만나서 반가워."

그 소년의 밝고 싱싱한 미소에 잠깐 넋이 나갔던 나리는 더듬거리며 말했다.

"응? 그래, 나도……. 만나서 반가워."

옷을 갈아입고 거실로 나와 영철이와 마주 앉은 나리는 영철이의 동작 하나하나에 신경을 곤두세우며 숨도 제대로 못 쉬고 있었다. 그런 침묵을 깨고 영철이가 먼저 말을 꺼냈다.

"너희 아파트에 농구할 만한 곳 있니?"

"응, 왜?"

"심심해서."

"어머, 너 농구할 줄 아니?"

"응, 난 장애자 올림픽에 나가는 게 꿈인걸?"

"그래? 그럼 같이 밖에 나가자."

나리는 영철이하고 같이 나가는 게 왠지 부끄럽고 창피했지만, 영철이가 정말 농구를 할 줄 아는지, 또 할 줄 안다면 어느 정도인지가 궁금했기 때문에 그렇게 하자고 맞장구를 쳤다.

집에서 농구장이 있는 곳으로 가는 길에는 높낮이가 서로 다른 인도들이 꽤 많았고, 영철이는 그것들을 만날 때마다 땀을 뻘뻘 흘리며 애를 쓰는 것 같았다. 처음에는 못 본 척하던 나리도 점점 측은하다는 생각이 들기 시작했다.

그래서 조심스럽게 물었다.

"내가 밀어 줄까?"

그러자 영철이는 쾌활한 목소리로 대답했다.

"고마워. 그렇지만 나 혼자서도 충분해."

나리는 영철이가 말은 그렇게 했지만 마음은 자기가 밀어 주기를 바랄 거라는 생각이 들어서 다시 한 번 더 용기를 냈다.

"영철아, 내가 휠체어 밀어 줄게."

"나리야, 정말 마음 쓰지 않아도 돼. 난 언젠가는 혼자 서야 해. 그래서 그때를 위해서 혼자 서는 법을 익히는 거야."

"혼자 선다고?"

나리는 고개를 갸우뚱거렸다. 영철이가 씩 웃으면서 말했다.

"아니, 내 말은 두 다리로 걷는다는 뜻이 아니라, 혼자 살아가야 한다는 뜻이야. 보통 사람들은 상관없겠지만 장애자가 느끼는 불편은 한두 가지가 아니야. 시설 면에서도 그렇고, 사람들의 따가운 시선도 그렇고. 그렇다고 언제까지나 남의 도움만 받으면서 살 순 없어. 그래서 혼자 서야 하는 그때를 위해서 지금부터 준비 운동을 하는 거야."

영철이의 말을 듣고 나리는 가슴이 뜨끔하기도 하고 뭉클하기도 했다.

얼마 전 나리네 동네에 장애자 회관이 들어서는 문제로 주민들의 반대가 있었다. 그때 나리네 식구도 그 주민들 편에 있었다.

그런 생각과 더불어 어제 영철이가 온다는 사실에 짜증스러워했던 일이나, 영철이가 오는 것에 대한 반감의 표시로 오늘 늦게 돌아온 것 등이 바늘이 되어 나리의 마음을 뜨끔하게 찔렀다. 또 영철이의

혼자 서기 위한 준비 운동이 가슴을 뭉클하게 했다.
'영철이는 멋진 아이다. 그에 비해 내가 한 행동은 얼마나 유치하고 형편없는 것인가?'
나리가 이런저런 생각을 하는 사이에, 이미 몇 명의 아이들이 나와서 놀고 있는 농구장에 다다랐다.

나리는 느티나무 아래 쭈그리고 앉아서, 농구를 하고 있는 영철이를 바라보았다. 그리고 믿을 수 없을 정도로 빠르고 정확하게 슛을 날리고 있는 영철이의 몸놀림에 감탄했다. 나리는 꿈과 정열을 가진 사람만이 내뿜을 수 있는 힘을 보면서 이렇게 생각했다.

'도대체 장애자라는 말이 뜻하는 게 무얼까? 걸음을 제대로 못 걷고, 앞을 못 본다고 해서 장애자라고 부를 수 있는 걸까? 그렇다면 정상의 몸을 갖고서도 노력하지 않고 비뚤어진 생각이나 하는 사람들은 무어라고 불러야 하지? 오히려 이런 사람들이야말로 진정한 뜻에서 장애자가 아닐까?'

생각해 봅시다

길을 가다 보면 가끔 장애인들을 보게 됩니다. 여러분은 장애인들을 보면서 어떤 느낌을 받았었나요?
그리고 만일 여러분의 동네에 장애자 회관이 들어선다고 하면 찬성하겠습니까, 반대하겠습니까? 그 이유는 무엇인가요?
또 나리는, 정상의 몸을 갖고서도 노력하지 않고 비뚤어진 생각이나 하는 사람들이 오히려 진짜 장애자라고 생각했습니다. 우리는 어떤 경우에 장애자라는 말을 사용할 수 있을까요?

주제: 연상 작용

어떤 생각이 다른 생각과 연결되어 생각되는 경우가 있습니다.

예 : 개-멍멍 고양이-야옹

반대로 어떤 생각이 다른 것과 연결되면 말도 안 되는 경우가 있습니다.

예 : 개-야옹 고양이-멍멍

다음을 연결되는 경우(O)와 연결되면 말도 안 되는 경우(×)로 구분해 보세요.

1. 얼음-제비 (   )
2. 햇빛-따스함 (   )
3. 메마름-바다 (   )
4. 으르렁거림-닭 (   )
5. 초록색-벌레 (   )
6. 고래-행복 (   )
7. 말-낱말 (   )
8. 사랑-새 (   )
9. 책-독서 (   )
10. 농촌-부자 (   )

미움을 이기려면

공부 시간에 밖을 내다보던 병태가 옆에 앉은 영미에게 무언가 소곤거렸다. 병태의 말에 깜짝 놀라 창밖을 쳐다본 영미가 소리쳤다.

"선생님, 눈이 내리고 있어요! 함박눈이 펑펑 내리고 있어요!"

그러자 교실에 있던 모든 아이들이 함성을 지르며 일제히 밖을 내다보기 시작했다.

"자! 그만! 자리에 앉아요. 저 눈은 땅에 닿자마자 모두 녹아 버리는 눈이니까 신경 쓸 것 없어요. 지금부터 밖을 내다보는 사람에겐 벌을 주겠어요."

잔뜩 흥분하며 들떠 있던 아이들은 다시 마음을 가라앉히고 공부를 하기 시작했다.

넷째 시간이 끝날 무렵 눈발이 가늘어지기 시작했다. 아이들이 점심을 먹는 둥 마는 둥 하고 운동장엘 나가 봤을 땐 그나마 그쳐 버리고 운동장은 질퍽거리기만 했다.

　나리는 새 운동화를 신고 왔기 때문에 조심스럽게 운동장을 거닐고 있었다. 물 웅덩이를 피해서 교실 쪽으로 천천히 걸어가는데 같은 반 아이들을 만났다. 그 가운데 집적거리기 잘 하는 현수가 나리의 운동화를 쳐다보며 말했다.

　"야! 나리, 너 새 운동화 신고 왔구나. 그거 신고식도 안 하고 신으면 되냐?"

　그러자 다른 아이들도 재미있다는 듯 나리의 운동화를 쳐다보기 시작했다. 이때 현수가 다시 한마디 했다.

　"그 운동화 새지?"

　"나도 몰라."

　나리가 얼굴을 붉히며 말하자 현수는 계속해서 물고 늘어졌다.

　"저기, 물 고인 데 있잖아. 거기 가서 서 있어 봐."

　조금 멈칫거리던 나리는 현수가 말한 곳으로 걸어가 서 있었다. 조금 있다 보니까 운동화 속으로 물이 스며 들어오기 시작했다.

　"나리야, 물이 새니?"

　"응, 양말이 젖고 있어."

　그러자 현수는 아이들을 향해 큰 소리로 떠들기 시작했다.

　"나리가 오늘 새로 신고 온 운동화가 샌대! 나리의 새 운동화는 구멍이 나 있대!"

　옆에 있던 아이들은 뭐가 그리 좋은지 배꼽이 빠져라 웃어 대기 시작했다. 화가 치민 나리는 획 돌아서 먼저 교실로 들어와 버리고 말았다. 그리고 어떻게 해야 분풀이를 할 수 있을까 하는 복수심에 가슴이 불타 오르고 있었다.

　학교 문을 나서서 건널목을 건너가는데 아이들이 나리를 쫓아오기 시작했다. 나리는 무슨 말인지 주고받으며 킥킥거리는 아이들의 소리를 들으며 걸음을 빨리 했다. 그걸 알아차렸는지 쫓아오는 아이들도 거의 뛰다시피 하면서 나리를 따라붙었다. 그중에 현수의 얼굴도 보였다. 아니나 다를까 현수가 또 입을 열었다.
　"나리야! 넌 아빠를 사랑하니?"
　그 말을 듣고 현수를 쏘아보던 나리는 아무 말도 하지 말까 하다가 입을 열었다.
　"그럼! 난 아빠를 누구보다 사랑해."
　그러자 현수는 다른 아이들을 쳐다보며 큰 소리로 말했다.
　"얘들아! 여기 아빠와 사랑에 빠진 아이가 있다! 아빠와 사랑에 빠져 버린 아이가 있어!"
　워낙 아이들이 큰 소리로 웃는 통에 나리는 아무 대꾸도 못 하고 도망치다시피 집으로 돌아와 버렸다. 나리는 분하고 창피한 마음을 달랠 수가 없어, 혼자 라디오를 크게 틀어도 보고 동화책을 읽어 보기도 했다. 그러나 좀처럼 마음이 가라앉지 않았다.
　다음 날 둘째 시간이 끝났을 때, 어제 그 자리에 함께 있었던 성구가 나리에게 다가와 빙그레 웃으며 입을 열었다.
　"나리야, 넌 너희 아빠를 사랑하니?"

나리는 설마 성구야 어떨라고 하면서 사실대로 말을 해 버릴까 망설였다. 하지만 그 옆에 앉아서 떠들어 대고 있는 현수 얼굴이 보였기 때문에 그럴 수가 없었다.

"너희 아빠를 사랑하냐고?"

성구가 다시 물었다.

"아니."

"이럴 수가!"

나리의 말에 성구는 나리를 똑바로 쳐다보며 놀란 표정을 하는 것이었다.

"뭐라고? 아빠를 사랑하지 않는다고? 얘들아! 이럴 수가 있는 거니? 좋아, 내가 오늘 당장 너희 집에 찾아가 너희 아빠한테 말씀드리고 말겠어. 네가 아빠를 사랑하지 않는다고!"

나리는 정말 이러지도 저러지도 못하고 왜 자기가 이렇게 놀림감이 되어야 하는지를 알 수가 없었다. 더욱 놀라운 것은 자기를 놀린 아이들을 절대로 용서할 수 없다는 생각과, 꼭 복수를 해야겠다는 생각에 부르르 몸서리가 쳐졌던 것이었다.

나리네 반에는 어렸을 때 끓는 물에 큰 화상을 입은 경자라는 아이가 있다. 팔뚝이나 손에 흉터가 있을 뿐 아니라 특히 얼굴 전체를 심하게 데어서 어찌 보면 마귀 할멈의 얼굴 같기도 했다. 그래서 아이들은 경자의 짝이 되는 걸 몹시 싫어했고, 틈만 있으면 '마귀 할멈'이라고 놀렸다.

얼마 전에는 경자의 짝인 준서 어머니가 학교엘 찾아와 자리를 바꾸어 달라고 소란을 피운 일도 있었다. 선생님의 얼굴이 붉으락푸르락하는 걸 보니 몹시 화가 나신 모양이었지만, 꾹 참으시며 달리 생각해 보겠다고 하시고는 준서 어머니를 돌려보내셨었다.

그날 경자가 잠깐 자리를 비운 사이에 선생님께서는 아이들을 조용히 시키신 다음 물으셨다.

"너희들 중에 누구 경자랑 같이 앉을 사람 없니? 경자의 친구가 되어 줄 사람 없니?"

그러나 한 사람도 대답하는 사람이 없었다. 아이들 중에는 경자 옆에 앉는 것보다 학교엘 안 다니는 것이 더 나을 거라고 말하는 아이도 있었다. 이 문제로 선생님께서는 몹시 괴로운 표정을 지어 보이셨다.

그런데 나리에게 이해가 안 가는 것은 경자의 생활 모습이었다. 자기를 놀리고 싫어해도 원망하는 기색이 별로 없었다. 병태가 곧잘,

"넌 마귀 할멈이지?"

하고 말을 하면 경자는 차분한 목소리로,

"응, 그렇게 생각하고 싶으면 그렇게 하렴."

하고 말할 뿐, 대들거나 울지도 않았다.

점심을 먹고 혼자 그네가 있는 곳으로 걸어가던 나리는 저만큼 떨어진 벤치에 홀로 앉아 있는 경자를 보았다. 그냥 지나치려다가 어제 오늘 아이들에게 실컷 놀림을 당한 자기와 경자가 조금은 비슷하다는 생각이 들어 경자에게로 다가갔다.

"경자야, 거기 혼자 앉아서 뭘 하니?"
"응, 기도를 하고 있어."
"무슨 기도를?"
"나를 놀리고 싫어하는 아이들을 내가 미워하지 않게 해 달라는 기도를……."
나리는 경자의 말이 전혀 뜻밖이었다.
 '자기를 놀리고 싫어하는 사람을 미워하고 증오하는 건 당연한 일 아닌가?'
"경자야! 어떻게 그럴 수가 있니? 그런 아이들은 지옥에나 가라고

163

기도해야 하는 거 아니니?"

"아니, 난 그렇게 생각하지 않아. 미움을 미움으로 갚는다면 더 큰 미움이 생기게 된다는 걸 깨닫게 되었거든."

경자의 말은 나리에게 충격을 던져 주고도 남았다. 나리는 조금 놀림을 당했다고 해서 온갖 복수심에 불탔던 자신의 마음이 부끄럽게 느껴졌다.

'미움을 미움으로 갚으려 한 나, 반대로 미움을 사랑으로 갚으려고 하는 경자. 미움을 정말 물리쳐 이기려면 누구의 방법이 더 옳다고 해야 할까?'

생각해 봅시다

여러분도 누군가를 미워하는 마음이 있을 것입니다. 또 누군가가 여러분을 미워하기도 할 것입니다.
누군가를 미워하는 이유는 무엇인가요? 또 누군가 왜 여러분을 미워한다고 생각하나요? 여러분은 미움을 이기기 위해서 어떻게 행동했나요? 미움을 물리치려면 미움을 미움으로 갚아야 할까요, 미움을 사랑으로 갚아야 할까요? 여러분의 경험에 비추어서 말해 보세요.

주제: 찾아보기

다음의 내용 중 서로 연관된 것을 찾아 선으로 연결해 보세요.

1. 분한 마음　　　　　　• 사랑
2. 용서　　　　　　　　• 기도
3. 희망　　　　　　　　• 슬픔
4. 하나님　　　　　　　• 미움
5. 눈물　　　　　　　　• 꿈
6. 걱정(불안)　　　　　 • 감사하는 마음
7. 행복　　　　　　　　• 욕심

노마의 발견 3
판단하는 내가 좋다

초판 1쇄 2007년 3월 12일
초판 6쇄 2014년 3월 25일
제2판 1쇄 2021년 12월 30일

지은이 | 어린이철학교육연구소
그린이 | 임정아
펴낸이 | 송영석

펴낸곳 | (株)해냄출판사
등록번호 | 제10-229호
등록일자 | 1988년 5월 11일(설립일자 | 1983년 6월 24일)

04042 서울시 마포구 잔다리로 30 해냄빌딩 5 · 6층
대표전화 | 326-1600 **팩스** | 326-1624
홈페이지 | www.hainaim.com

ⓒ어린이철학교육연구소, 2007, 2021

ISBN 979-11-6714-019-7
ISBN 979-11-6714-016-6(세트)

파본은 본사나 구입하신 서점에서 교환하여 드립니다.